广东省普通高校人文社科重点研究基地（2022WZJD014）

2022年度广东省教育科学规划课题（高等教育专项）（2022GXJK036）

广东省2023年教育科学规划课题（德育专项）（2023JKDY059）

Dangdai Yueshang Wenhua

当代粤商文化

邹德军 著

东北财经大学出版社

Dongbei University of Finance & Economics Press

大连

图书在版编目（CIP）数据

当代粤商文化 / 邹德军著. —大连：东北财经大学出版社，2024.6

ISBN 978-7-5654-5247-5

Ⅰ. 当⋯ Ⅱ. 邹⋯ Ⅲ. ①商业史-广东 Ⅳ. F729

中国国家版本馆CIP数据核字（2024）第082986号

东北财经大学出版社出版

（大连市黑石礁尖山街217号　邮政编码　116025）

网　　址：http://www.dufep.cn

读者信箱：dufep@dufe.edu.cn

大连永盛印业有限公司印刷　　东北财经大学出版社发行

幅面尺寸：170mm×240mm　　　字数：154千字　　　印张：12.75

2024年6月第1版　　　　　　　2024年6月第1次印刷

责任编辑：王天华　惠恩乐　石建华　　责任校对：赵　楠

封面设计：原　皓　　　　　　　　　　版式设计：原　皓

定价：49.00元

前　言

　　改革开放以来，广东取得了举世瞩目的经济建设成果。在这40多年经济建设中，众多广东人展现了勇于创新、诚信友善等精神风貌。当代广东商贸行业劳动者在追求经济效益的同时，注重广东商贸行业文化建设，弘扬社会主义核心价值观，为中国特色社会主义事业建设贡献自己的力量。当代广东商贸行业劳动者的成功经验是中国特色社会主义市场经济建设的成果，也是中国特色社会主义文化实践的成果。人们通过当代广东商贸行业劳动者的生产经营活动可以直观地感受到中国特色社会主义文化的魅力和力量。

　　当代粤商文化是中国特色社会主义文化在广东商贸行业的具体表现。中国特色社会主义文化为当代粤商提供了强大的精神动力和价值导向，引导当代广东商贸行业劳动者在生产经营中坚持人民性，坚持诚实守信，追求卓越，勇于创新，乐于奉献。当代广东商贸行业劳动者是中国特色社会主义事业的建设者。当代粤商文化的主体是当代广东商贸行业全体劳动者。当代粤商文化的客体是当代广东商贸行业劳动者在改革开放过程中展现的行为偏好、习惯、观念等。社会主义核心价值观是当代粤商文化客体的代表。当代广东商贸行业劳动者投身改革开放实践的过程，也是当代粤商文化逐渐趋于成熟的过程。当代广东商贸行业劳动者在生产经营实践活动中展现了勇于创新、诚信友善等精神风貌，推动人们认识和理解当代粤商文化，激发人们在生产经营和社会生活中对当代粤商文化产生积极情感和正确认知。

在新时代，广东商贸行业劳动者必须深入学习贯彻习近平文化思想，立足于广东商贸行业的实际情况，用习近平文化思想凝心铸魂。广东商贸行业劳动者要不断挖掘中华优秀传统文化的时代价值，结合广东商贸行业生产经营活动拓展和丰富中华优秀传统文化的时代内涵，以创新的方式将中华优秀传统文化融入当代社会生活，使中华优秀传统文化更加符合现代社会的需求；对中华优秀传统文化的形式进行创新，使其更加生动有趣，更能引起年轻人的关注；对中华优秀传统文化的传播方式进行改革，利用现代科技手段，让更多的人能够方便地接触到中华优秀传统文化。当代粤商文化通过弘扬和践行社会主义核心价值观，引导当代广东商贸行业劳动者树立正确的商业道德观念，坚守诚信，追求可持续发展，使广东商贸行业的生产经营朝着高质量发展的方向前进，为中国式现代化和中华民族伟大复兴作出积极贡献。

邹德军

2024 年 6 月

目　录

第一章

绪论

第一节　研究背景、目的与意义

一、研究背景

我国改革开放取得了历史性的伟大成就。这是社会主义道路的伟大胜利，也是中华民族的伟大胜利。中华民族有着悠久的历史和灿烂的文化。放眼当今世界，马克思主义在中国取得了巨大的历史性成就，马克思主义与中华优秀传统文化之间的关系引人深思。党的二十大报告指出："只有把马克思主义基本原理同中国具体实际相结合、同中华优秀传统文化相结合，坚持运用辩证唯物主义和历史唯物主义，才能正确回答时代和实践提出的重大问题，才能始终保持马克思主义的蓬勃生机和旺盛活力。"[①]这意味着马克思主义同中华优秀传统文化相结合成为我国文化建设和研究中十分重要而迫切的领域。党的十八大以来，习近平总书记多次强调要科学对待中华优秀传统文化，努力实现中华优秀传统文化的创造性转化、创新性发展，不断铸就中华文化的新辉煌。习近平总书记指出，"马克思主义和中华优秀传统文化来源不同，但彼此存在高度的契合性"[②]。关于马克思主义与中华优秀传统文化相结合的重要论述是习近平新时代中国特色社会主义思想的重要组成部分，是习近平文化思想的重要组成部分，是马克思主义文化观在新的历史条件下的继承发展，也是用马克思主义引领我国新时代文化建设的重要方针。

广东是我国改革开放的典型。"广东是我国改革开放的排头兵、先行地、实验区，在改革开放和社会主义现代化建设大局中具有十分

---

① 习近平. 高举中国特色社会主义伟大旗帜为全面建设社会主义现代化国家而团结奋斗 [N]. 人民日报，2022-10-26（002）.
② 习近平. 在文化传承发展座谈会上的讲话 [J]. 当代党员，2023（18）：1-4.

重要的地位和作用。40年来，广东不负党和人民的重托，从一个相对落后的农业省份一跃成为生产总值连续29年居全国首位的经济第一大省，创造出举世瞩目的'广东奇迹'。"①我国改革开放的伟大成果是马克思主义基本原理同中国具体实际情况相结合的伟大成就。这个成就不仅体现在经济领域，也体现在文化等诸多领域。在广东亦是如此。改革开放以来，广东在文化领域也取得了巨大成就。从行业分布来看，在广东改革开放中商贸行业取得的文化建设成就最大。"改革开放以来的广东文化建设，典型地反映出当代岭南文化的现代性。以'解放思想、改革开放'为主旨的'广东时代文化精神'，淋漓尽致地彰显了岭南文化的现代性。岭南文化所包蕴的务实、进取、创新、开放、敢闯、包容、平和、重商、诚信、敏行、敬业等卓越品质，能够自觉衔接中华优秀传统文化，激活其现代性，整合中外优秀文化精神，提升当代文化价值，为中国式现代化新道路的践行、为人类文明新形态的构建提供帮助。"②重商是广东商贸行业文化重要标签之一。商贸行业在广东改革开放的经济建设中发挥了重要作用，涌现了许多著名的广东企业家。2018年10月24日，全国工商联举行新闻发布会，发布由中央统战部、全国工商联共同推荐宣传的"改革开放40年百名杰出民营企业家"名单，名单中有10名企业家来自广东。这些企业家及其企业相关的劳动者都是中国特色社会主义事业的建设者。在改革开放中，广东商贸行业取得的文化发展成果不仅体现了马克思主义基本原理在广东文化领域的实践，也体现了中华优秀传统文化在广东商贸行业的传承。"潮起珠江，文耀湾区……广州永庆坊微

---

① 杨建伟. 先走一步的使命，敢为人先的担当：作为改革开放排头兵、先行地、实验区的广东经验 [J]. 中共党史研究，2019（01）：18-19.
② 李宗桂. 岭南文化的现代性阐扬：以广东为例 [J]. 学术研究，2022（06）：36-47.

改造让新加坡总理李显龙称赞连连……"①在改革开放中，广东商贸行业文化发展的成果蕴含着马克思主义基本原理与中华优秀传统文化的结合。

由于广东简称粤，以下将广东商贸行业的文化简称为粤商文化，而把改革开放以来形成的广东商贸行业的文化简称为当代粤商文化。如何深刻认识当代粤商文化在改革开放中形成和发展的必然性、重要性？如何科学地认识马克思主义基本原理与中华优秀传统文化及其结合在当代粤商文化形成、发展的过程中发挥的关键作用？如何在新时代用习近平文化思想指导当代粤商文化建设？确实是广东商贸行业文化建设当前面临的重大理论和实践课题。

二、研究目的

本书的目的是通过研究与阐释当代粤商文化是中国特色社会主义文化在广东商贸行业的具体表现，梳理广东商贸行业劳动者在生产经营实践中开展的中华优秀传统文化创造性转化和创新性发展的轨迹，分析广东商贸行业劳动者把革命文化和社会主义先进文化融入生产经营实践的方式，增强读者对中国特色社会主义文化的认知和认同，进而坚定文化自信。具体地说，一是试图清晰地解析当代粤商文化作为中国特色社会主义文化在广东商贸行业的具体表现，二是试图阐释当代粤商文化是马克思主义基本原理与中华优秀传统文化在广东商贸行业实践中相结合的成果。中国特色社会主义文化包含中华优秀传统文化、革命文化和社会主义先进文化。当代粤商文化是粤商在我国改革开放大潮中形成的。我国改革开放是我国建设社会主义的重要阶段。我国改革开放是马克思主义思想指导下的伟大社会实践。当代粤商文

---

① 毕嘉琪，刘奕伶，王芳，等. 从"出圈"到"出海"岭南文化焕新彩 [N]. 南方日报，2023-06-06（A04）.

化的形成离不开马克思主义思想的指导。党的二十大报告指出："坚持和发展马克思主义，必须同中华优秀传统文化相结合。"[1]中华优秀传统文化蕴含丰富的、与马克思主义基本原理高度契合的元素。我国是世界四大文明古国之一，而且是唯一延续至今的文明古国。在延绵至今的五千年文明史中，我国创造了灿烂的文明。中华优秀传统文化是我国为人类文明作出的突出贡献。中华优秀传统文化是我国各地、各行业人们在长期生产、生活实践中逐渐形成的，生产、生活实践也是我国各地、各行业人民认知和认同中华优秀传统文化的直接渠道。广东商贸行业劳动者是这些地方和行业贡献者之一。中华优秀传统文化包含历代广东商贸行业劳动者长期生产、生活实践的结晶，历代广东商贸行业劳动者认知、认同中华优秀传统文化的直接渠道是商贸生产、生活实践。为此，当代广东商贸行业劳动者必须在自身的生产经营实践中不断总结和凝练中华优秀传统文化的元素，以增强当代广东商贸行业劳动者对中国特色社会主义文化的认知和认同，坚定文化自信。当代粤商文化一方面作为中国特色社会主义文化在广东商贸行业的具体表现，是当代广东商贸行业劳动者在中国特色社会主义建设的过程中形成的地方特色文化，必然是广东商贸行业传承和发扬中华优秀传统文化的结果；另一方面作为马克思主义基本原理在广东商贸行业的实践，是当代广东商贸行业劳动者在改革开放中运用马克思主义基本原理持续解决实际问题而形成的地方行业特色文化，必然是马克思主义基本原理与广东商贸行业实际相结合的结果。由此，我们可以认为当代粤商文化是马克思主义基本原理与中华优秀传统文化在广东商贸行业领域相结合的实践成果。为此，我们必须在习近平文化思想的指导下积极研究、阐发当代粤商文化，以发现马克思主义基本

---

① 习近平. 高举中国特色社会主义伟大旗帜　为全面建设社会主义现代化国家而团结奋斗［N］. 人民日报，2022-10-26（002）.

原理与中华优秀传统文化在广东商贸行业相结合的具体形式与路径。

三、研究意义

在习近平文化思想的指导下，从中国特色社会主义文化在广东商贸行业的具体表现角度对当代粤商文化进行整体性、结构性研究，进而探索马克思主义基本原理与中华优秀传统文化在广东商贸行业相结合的具体形式与路径，有着重要的理论意义和现实意义。中国特色社会主义进入新时代，中国共产党人不断根据实践拓展和认识深化创新发展社会主义市场经济，并推动中国特色社会主义文化建设取得历史性成就、发生历史性变革，两者的同频共振既是中国式现代化的中国特色所规定的必然结果，也是社会主义市场经济创新发展的客观需要。[①]改革开放以来，广东商贸行业经济建设成果排在全国前列。深入研究当代粤商文化，将有利于广东商贸行业建设符合中国特色社会主义市场经济创新发展需要的地方与行业文化。

（一）理论意义

首先，对当代粤商文化理论进行整体性、结构性研究，努力把对当代粤商文化的研究引向新时代文化建设。近年来，有关习近平文化思想的研究在意识形态主导性、文化自信、中华优秀传统文化"双创"以及其他方方面面的研究成果可谓汗牛充栋，但研究习近平文化思想指导下地方和行业文化形成、发展的论述少之又少。本研究试图运用习近平文化思想的观点、方法，对当代粤商文化所涉及的重要领域及主要内容进行分析，努力挖掘和提炼当代粤商文化的内涵结构、主要特征、形成机制、建设路径等，从整体上把握当代粤商文化是中国特色社会主义文化在广东商贸行业的具体表现，把当代粤商文化研

---

① 林志友，王笑容. 社会主义市场经济的践行与中国特色社会主义文化建设的推进 [J]. 湖北大学学报（哲学社会科学版），2023，50（03）：10-17.

究引向新时代文化建设。

其次，通过对当代粤商文化进行分层分类研究，分析概括当代广东商贸行业在改革开放的实践中落实中国特色社会主义文化建设的总体情况，试图从地方与行业文化角度探讨马克思主义基本原理与中华优秀传统文化的结合。当代粤商文化是中国特色社会主义文化在当代广东商贸行业的具体表现，是当代广东商贸行业在改革开放的生产经营实践中逐步形成的地方与行业文化。当代广东商贸行业在生产经营实践中继承和发展了中华优秀传统文化，展现和发扬了革命文化和社会主义先进文化。根据《汉书》等文献记载，最晚到秦代，广东已经成为中原王朝通过南海开展对外贸易的重要通道。此后两千多年，广东一直是我国海外贸易的窗口。改革开放以来，广东经济建设取得了巨大发展成果，当代粤商文化也取得令人瞩目的成绩。当代粤商文化的建设成果与广东经济建设成果都得益于伟大的中国特色社会主义建设。研究改革开放以来当代粤商文化的发展成果，必须在习近平文化思想指导下以马克思主义唯物史观为工具对广东商贸行业文化建设进行分层分类地系统梳理，才能洞悉当代粤商文化的内涵本质与主要特征，进而在广东商贸行业为马克思主义基本原理与中华优秀传统文化相结合的具体路径和方式提供注脚。

（二）现实意义

首先，为我国地方和行业文化的建设提供实践指导。对改革开放中当代粤商文化传承与创新情况的系统研究，有助于探索把习近平文化思想的方法和文化建设的基本理论落实到具体的地方与行业文化建设工作，推动广东商贸行业在新时代高质量地建设中国特色社会主义文化，从而巩固意识形态阵地、维护当代中国的意识形态安全和文化安全，保证当代粤商文化建设的前进方向。梳理当代粤商文化形成与发展情况的脉络，有利于当代广东商贸行业劳动者站稳社会主义文化立场，有效抵制虚无主义、保守主义等错误文化思潮和各种实际生活中错误的文化价值观。研究当代粤商文化整体发展状况有利于增强当代广东商贸行业文化创新创造活力，引导广东商贸行业劳动者共筑伟大复兴的中国梦，在实现共同富裕的同时，提高文化自觉、坚定文化自信，为建成社会主义文化强国贡献力量。

其次，为我国地方和行业文化的研究提供实践资料。在习近平文化思想指导下，分析当代粤商文化的具体材料，研究当代粤商文化形成与发展状况的系统性、整体性，无疑有利于人们具体把握、整体理解广东商贸行业文化的历史逻辑和实践逻辑，有利于人们在地方和行业文化的研究工作中更为注重把马克思主义基本原理与中华优秀传统文化相结合，把马克思主义基本原理的科学性和中华优秀传统文化的博大性结合起来。当代粤商文化的丰富材料为研究我国地方和行业文化提供了具体资料。

第二节　研究综述

从现有文献来看，关于粤商文化的研究主要分为粤商文化历史的研究、当代粤商文化的研究等两大方面。其中，粤商文化历史的研究主要探讨近代以前粤商文化历史演进，包括人物、事件、法律、习俗等；当代粤商文化的研究主要探讨改革开放以来体现广东商贸行业文化的偏好、习惯、精神、理念、典型人物、事件等。虽然这两类研究各有侧重点，但都涉及当代粤商文化的来源、传播和传承，交汇于当代粤商文化形成、发展的过程。

一、粤商文化历史的研究

粤商文化历史可以上溯到秦代。在已有的粤商文化历史研究中，有关清代十三行及相关商人的研究较多，而年代越早的研究则越少。这可能是因为明代以前许多历史文献资料源没能流传至今，而明代、清代粤商文化历史文献资料较为丰富。当代粤商文化受到明代、清代粤商文化影响较多，受到明代以前的粤商文化影响较少。梁廷楠、梁嘉彬考证清代十三行的管理模式源于明代牙行[①][②]，而李龙潜和邓端本认为元代和明代的牙行是清代十三行的先驱[③]。隋福民梳理了十三行制度演进，认为"在中央政府、地方官吏、行商、散商、外商、外国政府等多个主体的持续博弈中不断演化，最终完成了制度变迁：朝贡体制变成国与国对等的贸易体制"[④]。杨国桢以英国印度事务部图书档案馆中英国东印度公司广州管理委员会或持选委员会的档案记录和葡萄牙东波塔档案馆所藏"汉文文书"中发掘到的广东十三行文书及其"碎片"等史料，分析了十三行组织运行方式[⑤][⑥]。黄启臣和庞新平深入研究了明代、清代广东商人的行业、社会构成，介绍了潘启等十三行著名商人，阐释了这期间广东商人的历史作用。[⑦]广州历史文化名城研究会和广州市荔湾区地方志编纂委员会联合出版的《广州十三行沧桑》中收录了十三行名称由来、重要历史事件、著名商人等方面的文章[⑧]。蒋祖缘认为"广州和广州西关在历史上形成的外贸传

---

① 梁廷楠. 粤海关志 [M]. 袁钟仁，校注. 广州：广东人民出版社，2002.
② 梁嘉彬. 广东十三行考 [M]. 广州：广东人民出版社，1999.
③ 李龙潜，邓端本. 广州十三行名称及起源考辨 [M]. 广州：广州出版社，1993.
④ 隋福民. 清代"广东十三行"的贸易制度演化 [J]. 社会科学战线，2007，145（01）：81-84.
⑤ 杨国桢. 洋商与大班：广东十三行文书初探 [J]. 近代史研究，1996（03）：1-24.
⑥ 杨国桢. 洋商与澳门：广东十三行文书续探 [J]. 中国社会经济史研究，2001（02）：43-53.
⑦ 黄启臣，庞新平. 明清广东商人 [M]. 广州：广东经济出版社，2001.
⑧ 广州历史文化名城研究会，广州市荔湾区地方志编纂委员会. 广州十三行沧桑 [M]. 广州：广东省地图出版社，2001.

统，孕育了人们比较开阔的视野、识见和较为开放的社会风气，使十三行从事进出口贸易具有良好的环境。……行商的文化素质，不限于以儒家思想为主体的传统文化，而是从时代与商务的需要，兼收并蓄，吸纳融合，使之更能贴近现实与生活。"①吴水金通过对粤商的商人精神分析，得出明清时期中国商人一直处在传统"义利观"的制约下，使之无法和西方商人一样具有一种对利润追求的无限制冲动，这就是中西方商人精神的差异之处②。张富强认为"近代广州城市商业文化，是在西方商业文化的冲击和参与下，通过对传统商业文化的承传和不断的创新而逐步形成的"③。林辉锋认为"鸦片战争后各通商口岸的开放，给粤商带来更广阔的活动空间。此后近半个世纪里，粤商在各埠十分活跃，上海是其重要活动区域之一。"④彭丹认为"雄厚的经济实力，使得十三行商人成为当时岭南文化投资的主要社会力量"⑤。邱捷认为"清末是中国商人地位提高、阶级意识觉醒的时期……香港不仅对广州商人的觉醒起了很大的作用，而且为晚清广州商人运动提供了重要的活动舞台。"⑥林辉锋认为"晚清时期，重庆是粤商重要的活动区域之一，……实际重庆开埠前后粤商在渝的经济活动十分活跃，香港又因特殊原因成为粤渝贸易的中转站。"⑦张晓辉、孙利平认为"民国前期粤商文化在上海引领新潮，开风气之先，传播了资本主义的经营观念……粤商文化融会于沪地，丰富了上海的文化内涵，推动了中国近代化的进程，亦遗留了宝贵的物质文明

①　蒋祖缘. 清代十三行吸纳西方文化的成就与影响 [J]. 学术研究，1998 (05)：74-78.
②　吴水金. 论明清粤商的商人精神 [J]. 华南理工大学学报 (社会科学版)，2001 (03)：78-80；59.
③　张富强. 广州商业文化的近代化及其特点 [J]. 学术研究，1996 (03)：50-52.
④　林辉锋. 广帮与潮帮：晚清旅沪粤商管窥 [J]. 中山大学学报 (社会科学版)，2004 (05)：95-99；126.
⑤　彭丹. 论清代广州十三行商人对岭南文化的贡献 [D]. 广州：暨南大学，2006.
⑥　邱捷. 清末的广州商人与香港 [J]. 中山大学学报 (社会科学版)，2002 (02)：15-24.
⑦　林辉锋. 晚清时期粤港渝贸易关系浅探 [J]. 五邑大学学报 (社会科学版)，2004 (03)：56-60.

和精神文明财富"。①林辉锋认为"广帮把粤语、粤菜、粤俗、粤剧等带有浓厚区域特色的岭南文化带到上海，对沪粤间的文化交流起到了媒介作用。"②

这些研究可以分为两类：关于十三行历史事实的研究和关于十三行影响的研究。这两类研究角度不同，但互为表里。透过这些研究，我们可以描绘十三行的贸易状况、厘清十三行的兴衰过程，也能感受到十三行在海外贸易中融合了中西文化的外销画、广彩瓷器等艺术品。毫无疑问，十三行在清代对外贸易中占据十分重要的地位。在明代、清代和民国时期，粤商成为我国从事对外贸易的重要商人群体，涌现了伍秉鉴、陈芳等著名商人。这些商人抓住了对外贸易或者国外经营商业中的巨大商机，熟稔贸易规则，获得了巨大财富。十三行是这一时期粤商组织的突出典型，留下了大量文献资料。十三行造就了富可敌国的商人，也赋予了这些商人许多鲜明的文化符号，既有中国的，也有西方的；既有商人的，也有士大夫的。这些文化符号与十三行商人的商业经营、社会生活紧密联系。当时的广彩瓷器主要作为向西方出口贸易的商品。这些广彩瓷器上绘制有西方人物景象，形状也契合西方人生活的习惯。晚清著名商人陈芳在珠海兴建的宅邸中特地建了个跳西方交谊舞的大厅。在十三行中，这些中西文化交汇的现象切合当时广州一口通商的历史背景。

在已有的粤商文化历史研究中，广东会馆的研究也比较丰富。刘正刚全面介绍了广东会馆，认为广东会馆随着粤商商务活动范围的不断扩大而在全国各通都大邑建立起来，成为粤商在异地经营商业活动的重要活动场所。以会馆为中心所举办的具有浓郁家乡风情的文化活

---

① 张晓辉，孙利平. 民国前期粤商文化在上海的辐射效应 [J]. 学术月刊，2004（12）：57-62；69.
② 林辉锋. 旅沪广帮与近代上海社会文化的多元化 [J]. 中山大学学报（社会科学版），2006（05）：39-43；140.

动，丰富了所在地社会的文化生活。①北京广东会馆的商业渗透性较强。②刘正刚、乔素玲认为北京的广东会馆在价值取向上具有明显的商业迹象，集客馆、试馆与商馆于一身。③刘正刚、黄志坚认为清代广东会馆遍布东南亚，是了解广东人在海外发展的重要窗口，也是检阅广东人在海外分布的一个索引。会馆维护了海外广东人的利益，其开展的各类活动传播了中国文化。④刘正刚、黄建华认为"……粤商在外地建立广东会馆时，主要建筑材料都会从故土运来……充分凸现了粤商精诚团结的一面"⑤。陈炜、吴石坚认为"……广东会馆把汉族的生活方式与少数民族的物质生活、商人群体与土著农户、外部市场与社区经济连接起来，使族群之间的认同与整合可容于一个宽广而富有弹性的市场机制与制度网络之中。"⑥侯宣杰介绍了清代在广西的外省会馆的发展，指出以广东会馆为代表的外省商人会馆一枝独秀则深刻反映出清代以来广西城镇经济的发育严重依赖广东等邻省辐射带动的历史特质⑦。罗晃潮梳理了菲律宾的广东会馆的历史沿革和社会活动，指出菲律宾粤籍侨胞于1850年在马尼拉建立的广东会馆是菲律宾华侨最早成立的同乡性质的组织⑧。还有一些学者从不同的角度研究了广东会馆。例如，邢寓以粤商文化的传播为视角，通过找到粤商文化的传播迁徙路线与广东会馆的子分类之间的映射关系，来建立广东会馆建筑在全国范围内的新"5+X"分类体系，以求对广东会

① 刘正刚. 广东会馆论稿 [M]. 上海：上海古籍出版社，2006.
② 刘正刚. 试析近代以来北京广东会馆的变化 [J]. 暨南学报（哲学社会科学版），2001（03）：133-137.
③ 刘正刚，乔素玲. 明清北京广东会馆的价值取向 [J]. 暨南学报（哲学社会科学），1998（03）：87-93.
④ 刘正刚，黄志坚. 清代东南亚的广东会馆 [J]. 东南亚研究，2002（06）：56-57；62.
⑤ 刘正刚，黄建华. 清代广东会馆意蕴发微 [J]. 中华文化论坛，2008，60（04）：29-33.
⑥ 陈炜，吴石坚. 商人会馆与民族经济融合的动力探析：以明清时期广东会馆与广西地区为中心 [J]. 广西地方志，2002（02）：40-47.
⑦ 侯宣杰. 清代以来广西城镇会馆分布考析 [J]. 中国地方志，2005（07）：43-53.
⑧ 罗晃潮. 浅述菲律宾的广东同乡会 [J]. 岭南文史，1994（03）：74-76.

馆的建筑特色和形式风格等进行全面深入的比较分析研究。①张卫东认为在广东会馆中传来琅琅书声，时常有双语官话，每逢年节经常组织昆弋酬神堂会或团拜堂会，这些文化活动影响着北京这个五方杂居的京师。②可见，明清时期海内外的广东会馆不仅承载着乡谊联络，也是商业经营、文化活动的重要场所。

谭建光认为："粤商是诞生和发展于岭南地区，然后扩散到国内各地区、世界各国家的商帮。岭南的历史文化滋养了粤商；近代中国的开放推动了粤商的崛起；20世纪前期民族工商业的振兴，使粤商获得了较好的发展机遇。粤商在成长、发展、壮大和转型的过程中，形成了自身独特的历史文化特色。"③李吉奎认为："近代中国的经济中心在上海。在由地缘关系形成的各商帮中，广帮是其中的大帮。"④朱英、钟元泽认为："晚清旅汉粤商虽以华茶出口业起步，但并不局限于此。他们与外商联系密切，营业也随之而调整变化，参与了晚清中外军火贸易、轮船航运、机器纺织、城市房地产开发等新式行业的创设，为汉口城市近代转型作出了贡献。"⑤李芳清认为："广东的珠江三角洲地区是中国近代文化最重要的发祥地。"⑥"在孙中山先生的故乡香山形成的香山文化，是中国近代文化的奠基石。"⑦钟元泽认为晚清广东商人陈次壬"通过诗词创作、保存古籍以及从事慈善公益，与官员和文人密切互动，迎合仍居主流的儒家价值观，去争取文人士大夫的接纳，从而淡化和模糊其职业身份带来的负面

① 邢寓. 粤商文化传播视野下的广东会馆建筑研究 [D]. 武汉：华中科技大学，2021.
② 张卫东. 给北京带来岭南文化的广东会馆（一）[J]. 北京档案，2013，269（05）：53-54.
③ 谭建光. 粤商发展历史简论 [J]. 广东商学院学报，2007，95（06）：42-45.
④ 李吉奎. 近代买办群体中的广帮（1845—1912）：以上海地区为中心 [J]. 学术研究，1999（12）：103-110.
⑤ 朱英，钟元泽. 旅汉粤商与晚清汉口茶叶贸易 [J]. 江汉论坛，2022，No.533（11）：104-115.
⑥ 李芳清. 珠江三角洲：中国近代文化最重要的发祥地 [J]. 广东社会科学，2005（03）：118-124.
⑦ 李芳清. 香山文化：中国近代文化的奠基石 [J]. 广东社会科学，2007，128（06）：124-129.

影响"。①

广东会馆广泛分布在国内其他省份和东南亚等地方，成为粤商在异地经营的重要场所。一方面，粤商在商业经营的过程中不仅把广东文化带到其他省份，更把中华优秀传统文化带到了海外。另一方面，粤商也把国内其他地方的优秀文化带回了广东，更把海外一些国家和地方的文化带回了中国。当时这些不同的文化交汇、融合，推动了粤商的生产经营和生活趋于进步，使粤商在海外贸易长期领先于国内其他地区。文化一旦融入了生产、经营和社会生活，便具有了生存、发展的生命力。通过分析粤商文化历史研究，可以梳理各类文化融入粤商经营和生活的大致过程及产生的一些效果。这为研究粤商文化理论的整体性和结构性提供了丰富的材料。借助这些材料，可以探查在粤商文化形成和发展过程中展现的马克思主义基本原理与中华优秀传统文化相结合的一般规律。

二、当代粤商文化的研究

改革开放以来广东经济发展迅速，涌现了许多著名的广东企业。这些广东企业是当代广东商贸行业的代表。当代广东商贸行业的主要贡献者是这些企业中的广大劳动者。这些企业家取得成功的必要条件就是能够团结企业中的广大劳动者，充分调动企业中的广大劳动者的工作热情和积极性。一些学者通过分析这段时期的广东企业，研究了当代广东商贸行业劳动者展现的精神、特征等要素。魏安雄认为"岭南素有重商的传统，在激烈的商业竞争中，需要敏锐地把握市场信息，需要不断开拓新的市场，这使得广东人较少保守意识，在经商过程中以灵活变通著称"②。欧人发现"高速发展的经济需要众多的人

①　钟元泽. 从"买办"到"儒商"：晚清商人陈次壬的身份转换与阶层融入 [J]. 史学月刊，2023，510（04）：46-57.
②　魏安雄. 灵活变通广东人的商业精神 [M]. 广州：广东人民出版社，2005.

才，尤其需要高级专门人才。广东本省提供不了那么多人才，……广东人则用热忱的双臂欢迎和接纳全国各地人才。宽松的工作环境、优厚的生活待遇、灵活的人才政策，既为北方受'困'于机关、企业的人才找到了用武之地，更为广东经济的发展注入了无穷的动力"①。黄华认为"'粤商'要克服企业文化建设与企业管理和企业发展相脱离的现象，努力把企业文化建设与现代企业管理的创新紧密结合在一起，通过企业文化建设推动企业管理水平和企业经济效益的提高"②。林仲豪、陈方认为"'宁为鸡首、不为凤尾'的传统粤商文化使得粤商企业目光短视，在运用世界眼光、以国际眼光定位自己方面显得有些欠缺，影响企业做强做大"③。丁孝智认为"粤商企业文化建设面临着传统与现代的创造性转换，尤其要着力于在企业创新文化、战略文化、制度文化、品牌文化和营造人文环境等方面作出不懈的努力"④。曹芳、申明浩认为"由于粤商自古沿袭下浓重的崇商意识，因此目前大部分粤商企业都是家族式的，且主要采用的是家族主义与关系治理，一直不敢放手引入职业经理人，或者职业经理人在粤企中难当大任"⑤。戚斗勇认为："粤商与儒商属交叉而非包含关系。并非所有的粤商都具有儒商的道德属性，但历代粤商中都有儒商的代表人物。为了提高新粤商的素质，应当引导现代新型儒商的价值取向，造就新型儒商式的新粤商。"⑥他认为："粤商精神可概括为：崇商务实、争先变通、自主创业、好学求新、勤俭和谐。"⑦王义明认

① 欧人. 岭南文化与广东商人的商业精神 [J]. 商业经济文荟，2000 (03)：66-69.
② 黄华. "粤商"企业文化创新研究 [J]. 广东商学院学报，2007，92 (03)：24-27.
③ 林仲豪，陈方. 广东与江浙地区民营经济发展比较研究：基于营商文化与要素禀赋的视角 [J]. 理论月刊，2009，335 (11)：78-82.
④ 丁孝智. 基于岭南文化特质的粤商现代企业文化建设思考 [J]. 广州大学学报 (社会科学版)，2013，12 (05)：51-56.
⑤ 曹芳，申明浩. 粤商组织演化路径及其动力分析：兼论粤商的传承与发展 [J]. 广东外语外贸大学学报，2013，24 (01)：20-24.
⑥ 戚斗勇. 粤商与儒商 [J]. 广东商学院学报，2007，95 (06)：46-49.
⑦ 戚斗勇. 粤商精神的辩证审视 [J]. 广东商学院学报，2009，24 (04)：29-33.

为"近年来粤商精神正在发生变迁,主要表现在:从汇聚融合到合作发展、从先行一步到再闯新路、从灵活善变到自主创新、从精明务实到战略思考、从'只干不说'到广泛对话、从小富即安到和谐安详等"①。顾文静认为"粤商文化中务实、低调的内涵和标准应当进一步明确,界定不清就反而成为急功近利、闭塞迟钝的代名词"②。程宇宏认为"在特定的社会历史情境中,粤商形成了特有的文化气质。改革开放以来,新粤商的崛起,从某种意义上继承与延续了粤商文化的传统"③。申明浩认为"粤商对于我国与世界的经贸交往以及对于中国的现代化作出了重大的贡献"④。申明浩、何轩认为"大量粤商企业采取的是家族式经营管理"⑤。欧翠珍认为"许多粤商企业经历数代变迁,由传统的家族式经营过渡到现代企业制度,其内外部治理结构的完善是我国公司治理理论和实践的补充;粤商较早走出国门有许多通过开辟海外市场并实现本土化、最终成长为著名跨国公司的成功案例"⑥。

围绕当代广东商贸行业劳动者在改革开放中的发展,许多学者深入研究了当代粤商的成长轨迹,分析了当代广东商贸行业劳动者的行为特征、精神等。众多当代广东商贸行业劳动者在发展经济的过程中展现了灵活地应对经营环境变化,扎实地开展生产经营,企业发展呈现家族式特点等情况。作为我国众多具有地域和行业特色的人组成的群体,当代广东商贸行业劳动者表现出了一些相同行为及其特征。这不仅包括相同的方言、肢体表达和饮食习惯,也包括类似的生产经营

① 王义明. 当代粤商精神的变迁 [J]. 广东商学院学报, 2008, 97 (02): 55-57.
② 顾文静. 粤商人力资源管理特色及其绩效评价 [J]. 广东财经大学学报, 2014, 29 (03): 64-70.
③ 程宇宏. 乐感文化:粤商文化的一种解读 [J]. 管理学报, 2009 (09): 1266-1273.
④ 申明浩. 后危机时期粤商网络对企业国际化经营的启示 [J]. 经济学动态, 2009, 586 (12): 74-77.
⑤ 申明浩, 何轩. 粤商传承与走向:一个综述与引申 [J]. 改革, 2009, 190 (12): 150-155.
⑥ 欧翠珍. 粤商研究述评 [J]. 广西民族研究, 2010, 102 (04): 175-180.

方向、商务接洽方式、适应政策法律的策略等。一些学者比较了广东商贸行业劳动者与江浙等地商贸行业劳动者，发现各地商贸行业劳动者行为及其特征确实有着地域的特色。许多学者认为当代广东商贸行业劳动者具有"敢为天下""务实"等特征，一些学者认为浙江商贸行业劳动者也具有"敢为人先"的特征[①]。为此，可以发现广东商贸行业劳动者作为具有广东地方特色的商贸群体展现的行为特征在一些其他地方的同类群体也具有某些类似的行为特征。广东商贸行业劳动者作为具有地域特色的群体，同为广东地区的其他行业可能也具有一些类似的行为特征。由此，可以引申出当代粤商文化相关的诸多问题。例如，当代粤商文化在当代广东商贸行业发展中发挥了什么作用？如何深刻理解当代粤商文化作为中国特色社会主义文化在广东商贸行业的具体表现？当代粤商文化的内涵、特征和形成机制是怎样的？透过当代广东商贸行业劳动者在改革开放时代背景下相同行为及其特征，可以窥探当代粤商文化的要素及其结构，进而整体上认识当代粤商文化作为中国特色社会主义文化在广东商贸行业的具体表现。此外，需要进一步研究当代粤商文化表象呈现的内涵及其各个要素之间的结构，以发现有利于理解当代广东商贸行业文化特征，有利于进一步深入了解当代粤商文化的形成机制。

三、研究评述

现有关于粤商文化的研究成果主要集中在粤商历史和当代粤商文化两个方面。有关粤商历史文化的研究主要是十三行的研究、广东会馆的研究和近代粤商对全国各地经济文化的影响等。这些研究不仅挖掘了详细的史料，而且勾勒了近代粤商发展的脉络。有关当代粤商文

---

① 黄明光. 再论浙商敢为人先的表现与成因 [J]. 绍兴文理学院学报（哲学社会科学），2015，35（05）：97-99.

化的研究主要探讨了当代广东商贸行业劳动者的构成、特征、精神。这些研究不仅分析了当代广东商贸行业劳动者在改革开放中成功的原因，而且也指出了当代广东商贸行业劳动者尚存在的问题，并提出了改进建议。这些研究站在不同的角度探讨了当代粤商文化，进而为深入研究当代粤商文化的内涵、特征和形成机制提供了有益参考。综合已有研究成果，我们大概可以认识到当代粤商文化是当代广东商贸行业劳动者相同行为的深层次原因之一。此外，这些研究提供了大量当代广东商贸行业劳动者生产经营、社会生活等许多详细文献资料。这些资料反映的当代广东商贸行业劳动者行为体现了当代粤商文化。这些文献也是研究当代粤商文化内涵和整体性特征的材料。

通过对这些研究进行系统梳理，大致可以得出以下几点看法：第一，以往研究主旨上重具体、轻整体，要树立大局意识。当代广东商贸行业劳动者是我国众多地区和行业的群体之一。当代粤商文化是我国众多地区和行业文化之一。当代粤商文化是中国特色社会主义文化在广东商贸行业的具体表现，有不断创新发展的内在要求。地域是文化衍生、扩大和发展的基础。①当代粤商文化是一个庞大的有机体，既有民族性、时代性，又有阶级性，不能简单将其理解为一成不变的存在，而是处在不断完善的过程中。纵观人类文明发展史，创新对于文化的发展壮大发挥了十分重要的作用。从文化自信角度出发，将当代粤商文化与文化自信有机结合起来，才能深入研究当代粤商文化的内涵、特征。在新时代，把粤商文化放入中国式现代化和中华民族伟大复兴中去研究，才能充分认识和理解当代粤商文化的形成机制。第二，以往研究内容上重现象、轻本质，要以实践为基础。当代粤商文化有着纷繁复杂的现象。随着世界各地交流日益密切，相互借鉴是各种文化发展的必然趋势。许多学者在研究当代广东商贸行业劳动者的

---

① 杨喆. 文化传播视野下广东文化的传承与嬗变研究［D］. 武汉：武汉大学，2014.

过程中探讨了粤商文化的历史、特征、精神等。粤商文化属于岭南文化的一部分。山与水的相遇，江与海的交响，孕育了岭南文脉兼收并蓄又善于变通的独特个性，勾画出广东文化融通中西、着眼天下的辽阔宏图。[①]究其本质，当代粤商文化是在我国改革开放的伟大实践获得中形成的。当代粤商文化在实践中继承、发扬有利于自身进步的传统文化，吸收其他文化中有利于自身发展的要素，创造有利于自身发展的新的文化，抛弃不利于自身发展的文化。因此，必须要用实践理论才能剖析当代粤商文化的内涵及构成要素。历史证明，实践是文化保持生命力的关键之举。研究当代粤商文化，不应局限于文献的梳理、理论的总结，更重要的是深入探寻当代粤商文化的实践规律，善于运用实践的理论分析当代粤商文化，在阐述当代粤商文化形成机制等研究中挖掘马克思基本原理与中华优秀传统文化相结合的具体事例和材料。

第三节　研究思路、方法与创新点

一、研究思路

　　坚持马克思主义的立场、观点和方法，运用科学的逻辑方法，对当代粤商文化遵循是什么、为什么、怎样做的思路展开研究。首先，对当代粤商文化相关基本概念进行解读，阐释什么是粤商、什么是文化、什么是当代粤商文化。其次，分析当代粤商文化的历史根源和历史必然，当代粤商文化形成的理论基础、时代背景、实践基础和社会历史条件等问题，从整体上把握当代粤商文化，掌握其主要内涵和基

---

① 郭珊，李培. 奏响岭南文化时代弦歌 ［N］. 南方日报，2023-06-08（A01）.

本特征。最后，落脚于实践，阐述当代粤商文化形成机制和建设路径，探讨广东商贸行业劳动者在改革开放的实践情况，进而分析当代粤商文化作为马克思基本原理与中华优秀传统文化在广东商贸行业实践中相结合的基本路径。整个研究形成完整的提出问题、分析问题、解决问题的体系。

二、研究方法

结合本书的研究内容和研究思路，主要采用文献研究法、逻辑分析法和系统研究法三种研究方法。

（一）文献研究法

关于马克思主义基本原理和中华优秀传统文化有很多阐释，为我们深刻理解当代粤商文化提供了指导。许多学者研讨了粤商文化的历史特征和精神特质，不仅为深入研究当代粤商文化打下了坚实的基础，而且提供了大量的第一手资料。党的十八大以来，党的各种重要文献中也包含了大量关于中华优秀传统文化的相关论述。有关习近平文化思想的研究也十分丰富。这些因素决定了本书可以在大量搜集、查阅、整理相关文献资料的基础上，更好地完成此项研究工作。

（二）逻辑分析法

在查阅文献资料的基础上，对丰富的文献资料进行分析综合、概括归纳、演绎推理，结合当代粤商发展实际，深入分析当代粤商文化作为中国特色社会主义文化在广东商贸行业的具体表现，探讨在当代粤商文化形成过程中马克思主义基本原理与中华优秀传统文化结合的内在逻辑。通过逻辑分析，寻求在新时代进一步建设当代粤商文化的有效途径。

（三）系统研究法

从系统观念出发，把当代粤商文化的内涵、特征、形成机制以及通过建设当代粤商文化培育广东商贸行业的文化自信等看作一个系统，统筹兼顾其中相互影响、相互作用的各个要素，使当代粤商文化研究产生整合作用。通过系统研究，从整体上向读者呈现当代粤商文化是中国特色社会主义文化在广东商贸行业的具体表现。

三、创新点

坚持马克思主义的立场、观点和方法，运用科学的逻辑方法，研究当代粤商文化是什么、为什么、怎样建设，进而阐释当代粤商文化体现的马克思主义基本原理与中华优秀传统文化结合的路径。深入分析当代粤商文化与中华优秀传统文化、马克思主义基本原理的关系，厘清内在逻辑。多视角探讨当代粤商文化的形成机制，从理论基础、时代背景、实践基础、发展过程论述当代粤商文化的形成与发展，突显当代粤商文化厚植于中国大地，源于中华优秀传统文化，得益于马克思主义基本原理的指导，形成于中国特色社会主义建设，进而探索在新时代建设当代粤商文化的具体路径。

第二章

粤、粤商与当代粤商文化

研究当代粤商文化必须首先界定粤商文化的范围。粤商文化的范围必然要考察粤商的范围和文化的边界，而粤商则是粤的组成部分。从系统的角度来看，当代粤商文化是文化的子系统，也是粤的子系统。在不同的语境中粤、粤商、文化等名词包含的范围可能会存在差异。例如，地理学中的粤更突出空间的范围，而语言学中的粤更强调方言的范围。系统是由相互作用和相互依赖的若干部分合成的具有特定功能的有机整体。[①]研究当代粤商文化必须考虑当代广东商贸行业的时间和空间范围，进而整体地分析相关因素对当代粤商文化的作用，厘清当代粤商文化的脉络。为此，有必要从研究当代粤商文化的角度厘清粤、粤商、文化、粤商文化。

第一节　粤

一、粤的来源与表现

大多数人见到"粤"字，都会首先想到这是我国广东省的简称。广东省是我国的省级行政区划之一。秦代到新中国成立之前，广东在历代的行政归属和区划几经变化。《吕氏春秋》记载："扬、汉之南，百越之际。"百越是对当时中国长江以南各族的泛称。秦始皇派屠睢、赵佗南下平定百越，设立桂林、象、南海三郡。广东开始接受中原先进的技术、经济和文化。自那时开始，古代中原人民不断南迁到广东，并与当地人融合。宋代行政区划出现了广南西路、广南东路的名称，其中广南东路包含了现在广东省的大部分区域。明代广东布政司的行政区划大致与现代广东省区域一致。清代继承了明代的行政区

---

① 蒲清平，黄媛媛. 系统论视域下"大思政课"建设的理论意蕴与实践进路 [J]. 思想理论教育导刊，2023（03）：148-153.

划，设置的广东行省与现代广东省区域一致。民国时期继承清代行政区划。新中国成立之后广东行政区划也有一些变化，其中最为重要的变动是 1988 年海南从广东划出，成立海南省。可见，珠三角成为珠江流域经济、政治、文化繁荣之地至少有两千年历史。广东省主要行政区域形成的时间也将近千年。

粤，作为文字，最早出现在《汉书》中，班固以"南粤"一词泛指岭南地区。在秦代和汉代，"粤"很可能作为"越"的通假字。在《史记》中，司马迁还是用"南越"称岭南地区。当然，可能是当时为了区分长江中下游的"越"而以"粤"表示珠江中下游地区。到明代和清代，"粤"还是指岭南地区，包括现在的广东、广西和海南，其中广西称作"粤西"，广东称作"粤东"。到了民国时期，"粤"才用来专指广东。自那以后，"粤"逐渐成为广东的简称。

另一个广泛使用的词是"粤语"。粤语是汉语在广东的一种方言，也称作广东话、白话。但是实际上，广东省内只有广府人使用粤语。广府人是秦代以后从中原地区南迁到岭南地区的汉族人与当地人融合形成的汉族民系之一。广府人在广东的聚居地主要在广州、佛山、中山、珠海、东莞、肇庆、云浮等地。除广东外，广府人还广泛分布在广西、海南和港澳台地区。东南亚国家和欧美国家也有广府人的社区。因此，使用粤语的人群还包括广西、海南和港澳台地区的部分居民。东南亚部分国家和欧美等国家的部分华人社区也使用粤语交流。由此，粤语也称为广府话。除粤语之外，广东还有两大方言，一是潮语，二是客语。潮语也称潮汕话，客语也称客家话。这是广东汉族另外两大民系使用的方言。客家话是客家人的方言发音，潮汕话是潮汕人的方言发音。客家人在广东的聚居地主要在梅州、惠州、韶关、河源等地。除广东外，客家人还分布在江西、福建、广西、四川、海南、湖南、浙江、香港、澳门和台湾等地。潮汕人在广东的聚居地主要在潮州、汕头、揭阳和汕尾等地。除广东外，潮汕人还分布在广西、福建、香港、澳门和台湾等地。广府人、潮汕人和客家人构成了广东汉族的三大民系。广府、客家、潮汕三大民系在国外各有超过千万的华人华侨。在国外，客家人主要分布在印度尼西亚、马来西亚、新加坡、越南、美国、英国、澳大利亚等国家，潮汕人还分布在泰国、柬埔寨、新加坡、美国、英国、法国等国家，广府人主要分布在美国、加拿大、英国、澳大利亚、新西兰、荷兰、马来西亚、新加坡、印度尼西亚、越南、柬埔寨等国家。这说明广东汉族的三大民系都有积极向海外发展的历史。这些海外华人华侨祖籍是广东，甚至保留了广东方言、饮食等习俗。这意味着在广东的祖辈在当代粤商身上留下了不可忽视的文化基因。广东的粤语、潮语和客语都较好地保留了古代汉语的特征。例如，粤语有九声六调，而现在的普通话没有入声。这使得粤语能够更好地读出我国古代诗词的韵脚。粤语等方言可以作为广东的代表，甚至成为海内外广东人最重要的特征。从粤语等方言的角度来看，广东人的范围不限于广东。随着祖籍广东的华人华侨迁移到世界各地，粤语等广东方言影响范围已经扩大到了海外。

借助方言，广东形成了一些具有鲜明地方特色的戏剧剧种。其中最为突出的代表是粤剧和潮剧。粤剧表演的语言是粤语。粤剧又称"广东大戏""戏棚官话"。粤剧是弋阳腔、昆腔、梆黄等戏剧与广府文化交融形成的传统戏剧种类，到清代光绪年间出现了粤剧的名词，民国初年粤剧完全采用粤语演唱。粤剧在长期演化过程中形成了《一捧雪》《二度梅》《三官堂》等经典剧本一百多个。2006年，粤剧被列入第一批国家级非物质文化遗产名录。2009年，粤剧成为世界非物质文化遗产。潮剧的表演语言是潮语。潮剧又称潮调、潮州戏、潮音戏、白字戏等。潮剧也是弋阳腔、昆腔、梆黄等戏剧与潮汕文化交融形成的传统戏剧种类。在清末和民国初期，潮剧改编了大量的话剧或电影。20世纪50年代，老舍、曹禺、阳翰笙等到访潮汕地区，观看了潮剧。老舍为此做诗："莫夸骑鹤下扬州，渴慕潮汕数十秋，得句驰书傲子女，春宵听曲在汕头。"2006年，潮剧也被列入第一批国家级非物质文化遗产名录。

粤菜也体现了广东人的文化特色。粤菜继承了中原饮食文化的传统，博采外来及各方面的烹饪精华，根据本地的口味、嗜好、习惯，不断吸收、积累、改良、创新，从而形成了菜式繁多、烹调考究、质优味美的饮食特色。现在，粤菜已成为国内最具代表性和最有世界影响的饮食文化之一。广义的粤菜包括广府菜、潮汕菜和客家菜。狭义的粤菜是指广府菜。广府菜用料丰富，选料精细，技艺精良，清而不淡，鲜而不俗，嫩而不生，油而不腻。潮汕菜又称潮州菜，选料考究、制作精细，注重养生、注重原汁原味。客家菜菜品多用肉类，极少水产，主料突出，讲究香浓，下油重，味偏咸，以砂锅菜见长，有独特的乡土风味。

二、粤的文化符号

粤，既是我国的行政区，也是我国地方特色文化的符号。它是广东地区在继承中华优秀传统文化的基础上融合区域自然人文环境形成的地方特色文化。粤语、潮语和客语都是古代汉语在岭南地区演化而成的汉语方言。粤剧则是古代南方戏融入广东地方方言形成的地方特色剧种。粤菜是中原饮食文化根据广东地方食材特征长期形成的特色地方菜系。从粤语到粤剧，再到粤菜，粤成为广东地方特色文化的名词。基于探究粤商文化的目标，应该从地方特色文化的角度考虑"粤"的范围。这样的"粤"包括：

第一，在地理范围上既包括现在广东的行政区划，也包括历史上各朝各代对广东的行政区划。改革开放以来，广东取得了巨大的经济建设成绩，经济总量在我国各省份中连续多年位于第一，世人瞩目。随着广东经济建设取得重大成就，特别是珠三角经济发展，不仅广东汉族三大民系的许多人融入广州、深圳等城市，而且本省和外省各民族也逐渐融入广东各地。广东由此成为人口过亿、五十六个民族齐全的省份。这些使广东文化更加丰富多彩。广东经济高速发展有助于进一步扩大广东的文化影响力。广东经济建设取得丰富成果主要得益于中国共产党的领导和社会主义制度的优越性。从现在广东社会来看，中国特色社会主义理论、社会主义核心价值观等深入人心，社会主义思想成为人们行为的指导。当然，广东行政区域在历朝历代的地理范围不完全相同。在悠久的历史中，广州和珠江三角地区逐渐成为广东的中心区域。从宋代开始，广东形成了大致符合现在广东省的行政区域范围。广东在千年演化的行政区域过程中沉淀了深厚的文化底蕴。这样可以把现在属于广东和历史上曾经属于广东的地理联系起来。这不仅有利于梳理当代粤商文化的来龙去脉，而且有助于把握当代粤商文化作为中华优秀传统文化、革命文化和社会主义先进文化在广东商贸行业的具体表现与外延。

第二，在地理范围上包括现在和历朝历代在广东行政区划范围内长期生活的人，既包括广东户籍的人，也包括因工作、经商等来广东工作长期生活的人，还包括到外地长期工作生活的广东人。这样可以把历朝历代为广东发展作出贡献的外省人和为外省发展作出贡献的广东人都纳入"粤"的范围。比如，明代海瑞是海南琼山（今海口市）人。根据明代行政区划海南属于广东承宣布政使司，海瑞可以算是广东人。这体现了省级行政区划范围内各地政治、经济和技术联系更为紧密，也体现了省域范围内各地文化交融、融合更为深刻。

第三，祖辈是广东人且保持广东地方特色文化的海外华人和华侨。广东濒临南海，是我国历朝历代对外贸易的重要窗口。许多人远渡重洋，到海外谋求发展。这些粤商不仅把中华优秀传统文化带到海外许多国家和地区，而且多数心系家乡，为国家发展贡献了力量。比如清代商人陈芳（1825—1906年），是广东省广州府香山县（今珠海市前山镇）梅溪村人。他青年时随叔父到檀香山经商，成为百万富翁，娶夏威夷国王之妹为妻。他后来变卖家产，回到澳门兴办酒店、整理家乡村容。光绪帝赐予陈芳"乐善好施"旌碑。[①]美国建国200周年时，陈芳被评选为百位对美国最有影响的外籍人士。[②]这部分人在海外环境下生存、发展，彰显了中华优秀传统文化开放、包容的特性，也突出了中华优秀传统文化强大的生命力。

可见，粤商文化中的"粤"既是广东省行政区划地理范围，也是广东历朝历代劳动者的标识，更是中华优秀传统文化在广东地区经过千年积累而形成的地方特色人文事物。在厘清当代粤商文化的过程中需要把现在与历史、人物与地域等多种因素结合在一起，才能把握"粤"的本质特点、探寻它的根源。

第二节　粤商

一、粤与商的交集

粤商属于人文事物。如果要深入探究人文事物的本质，都必须首先界定该事物的范围，才能深入分析该事物及其背景，从中得出该事物的特征。商可以指商业，也可以指从事商业活动的劳动者。商业与从事商业活动的劳动者两者联系紧密：商业是从事商业活动的劳动者经营业务的统称，而从事商业活动的劳动者是从事商业经营的商人。

---

① 陆琦. 珠海梅溪陈家花园 [J]. 广东园林, 2009, 31 (05): 74; 81-82.
② 张建军. 珠海陈芳家族及梅溪历史遗存的初步研究 [J]. 岭南文史, 2008 (03): 88-93.

从事商业活动的劳动者是人格化的商业，商业是从事商业活动的劳动者的行为。因此，从事商业活动的劳动者与商业密不可分。当然，对于从事商业活动的劳动者的界定也有不同：第一，有些情况下，把从事商业活动的劳动者界定为专门从事商业贸易的人，意味着这样的商人除了经商没有其他工作；第二，有些情况下，界定从事商业活动的劳动者为从事商业贸易的人，意味着这样的从事商业活动的劳动者除了经商之外可能还有其他工作，也可能没有其他工作。显然，前者界定从事商业活动的劳动者的范围比较窄小，而后者界定从事商业活动的劳动者的范围比较宽大。从探究粤商文化的角度来看，按照后者界定从事商业活动的劳动者比较恰当。因为探究粤商文化，不可避免地追溯粤商历史，而古代很多粤商可能除经商之外还从事其他工作，所以把兼职或者专职从事商业经营的人都视为商人。这样可以从较大的时间范围内梳理广东商贸行业劳动者的变化，从而发现粤商的特点，为探究当代粤商文化提供更丰富的原料。

结合前述界定的"粤"，粤商可以指与广东有关的商业，也可以指与广东有关的商人。前者是全部的或者一部分的商业经营与广东有关，比如商品的生产、运输、销售等业务环节涉及广东或者广东人。后者可以指在广东经营商业的人——无论是广东人或者其他地方的人，也可以指经营商业的广东人——无论经营商业的地方是在广东或者其他地方。从最大范围来看，粤商包括了前述各种情况，既包括与广东有关的商业经营以及经营这些商业的人，也包括在其他地方经营商业的广东人。从最小范围来看，粤商是指经营商业的广东人，包括在广东本地经商和到其他地方经商的广东人。从最小范围的粤商到最大范围的粤商，还可以列举很多范围不同的粤商。由于本书的主要目标在于厘清当代粤商文化，所以选择最大范围的粤商作为探究的对象。这主要考虑文化对商业的作用十分广泛：不仅对从事商业活动的劳动者生活和经营方式产生作用，而且对商品颜色、规格等呈现方式产生作用，还对消费者、供应商产生作用。在广东开展商业活动，从事商业活动的劳动者需要面对广东当地人组成的工作群体、供应商群体、消费群体，采取符合广东地方文化的商业经营方式。比如，在广东经营的湘菜和川菜餐馆都不同程度地减轻传统菜式的麻辣味，以适应广东人口味偏清淡的饮食习惯。因此，本书采取最大的范围界定粤商，既包括历代在各地经营商业的广东人以及他们的商业，也包括各个时期来广东经商的外地人及商业。

二、粤商的历史概述

从秦始皇称帝（公元前221年）开始，广东地区经济社会持续发展，孕育粤商文化的许多条件趋于成熟。记载秦代广东商业经营情况的史料主要有《淮南子》和《史记》，共有三句话：

"又利越之犀角、象齿、翡翠、珠玑，乃使尉屠睢发卒五十万为五军，一军塞镡城之岭，一军守九嶷之塞，一军处番禺之都，一军守南野之界，一军结余干之水。"[1]

"使监禄无以转饷，又以卒凿渠，而通粮道（监禄秦将也，凿通湘水漓水之渠也），以与越人战。"[2]

"（秦始皇）三十三年，发诸尝通亡人、赘婿、贾人略取陆梁地，为桂林、象郡、南海，以适遣戍。"[3]

从探究粤商文化的角度来看，这三句话包含如下信息：第一，广东在秦代已经有了深受帝王将相等统治阶级喜爱的珍稀物品。第二，秦始皇统一岭南的原因很有可能是为了获取岭南的珍稀物品。第三，秦代已经有了从事商业活动的劳动者，而且秦始皇统一天下后，派遣

---

① 何宇. 淮南子集释（下）[M]. 北京：中华书局，1998：1288-1290.
② 张双棣. 淮南子校释 [M]. 北京：北京大学出版社，1997：1907.
③ 司马迁. 史记 [M]. 北京：中华书局，1959：258.

包括商人在内的庞大群体来到岭南。这些人给岭南地区带来了先进的生产技术，增加了劳动力。其中，从事商业活动的劳动者来到岭南地区，会带来中原的商业技术和经验。第四，秦始皇开通灵渠，改善了岭南地区与秦国其他地区交通条件，当时也很有可能促进了岭南地区与秦国其他地区的商业经营。这就意味着最晚从秦代开始，广东地区已经与秦国的其他地区有商业往来，商品包括犀角、象齿、翡翠、珠玑等珍稀物品。当然，这些商业经营很可能从属于进贡过程：这些珍稀物品先是作为贡品通过各级官员层层上缴，从岭南长距离运输到咸阳；而后，小部分珍稀物品沿着进贡的运输路线经过多次交易，到达中原地区，出售给达官贵人。这意味着在秦代广东地方特色文化还在孕育之中，比如广府人及其方言的形成过程还处在最初的源头。如前所述，广东地方特色文化是中华优秀传统文化在广东地方的表现，是粤商文化的从属性的重要组成部分，也是粤商文化的独特性的两大基石之一。在秦代，广东地区很可能存在专门从事商业活动的劳动者，而且这些从事商业活动的劳动者有一些商业经营的经验和技术，也有一些习俗，但没有形成独特的共同点。因此，粤商文化在秦代尚处于形成条件的准备阶段。

记载汉代广东商业经营情况的史料主要是《汉书》《后汉书》等，有三段话：

"南粤食（唐）蒙蜀枸酱。蒙问所从来。曰，'道西北牂柯江，江广数里，出番禺城下'。蒙归至长安，问蜀贾人，独蜀出枸酱，多持窃出市夜郎。夜郎者，临牂柯江，江广百余步，足以行船，南粤以财物役属夜郎。西至桐师，然亦不能臣使也。"①

"粤地，……秦南海尉赵佗亦自王，传国至武帝时，尽灭以为郡云。处近海，多犀、象、毒冒、珠玑、银、铜、果、布之凑。中国往

---

① 司马迁. 史记：卷116（西南夷列传）[M]. 北京：中华书局，1982：2994.

商贾者，多取富焉。番禺，其一都会也。"①

"（大秦）与安息、天竺交市于海中，利有十倍。……其王常欲通使于汉，而安息欲以汉缯彩与之交市，故遮阂不得自达。至桓帝延熹九年，大秦王安敦遣使自日南徼外献象牙、犀角、瑇瑁，始乃一通焉。其所表贡，并无珍异，疑传者过焉。"②

此外，1983年出土的南粤王墓中有玻璃、乳香。在广州已发掘的西汉后期墓中约三分之二出土了各种质地的串珠，包括玛瑙、玻璃等。在东南亚印度尼西亚、马来西亚等国出土的文物中有汉代五铢钱、陶器等。③1954年广州沙河顶出土的东汉陶船模型，船首有锚，船尾有舵。④这比欧洲船舶装备锚和舵的时间早了一千多年。这些资料说明：第一，汉代时广东地区不仅与国内其他地区有商业贸易往来，而且与东南亚、西亚等地国家也有商业贸易往来。第二，汉代时广东已经有了重要城市番禺（现在的广州）。第三，汉代具备了远航到东南亚、西亚等地的船只，意味着科技水平进步较快。第四，汉代对外贸易进出口商品种类增加，尤其是出口品种有丝织品——缯彩，这说明当时的番禺是海上丝绸之路重要的港口。

汉代是我国历史上统一强盛的朝代。相对于以前的朝代，汉代推行强有力的郡县行政组织，确保了大一统的中央集权，有利于国内各地物资流通和商业经营。汉代科技水平提高，并应用于生产，有力地推动了生产力发展，有利于增加人口、提高人们生活水平，也有利于国内商业经营和海外贸易。在汉代，广东地区在中原先进技术持续带动下经济、科技、政治等领域都得到发展。汉代是形成汉族名称过程中的重要环节。广府人等广东地方汉族民系及其方言的雏形也开始出

① 班固. 汉书：卷28（地理志）[M]. 北京：中华书局，1964：1670.
② 范晔. 后汉书：卷88（西域传）[M]. 北京：中华书局，2000：2919.
③ 关履权. 宋代广州的海外贸易 [M]. 广州：广东人民出版社，1987（02）：3-4.
④ 《国宝档案：古代科技——东汉陶船模型》http://tv.cctv.com/2012/12/10/VIDE1355101938841974.shtml.

现。广东成为汉代国内商业经营的重要地方，也是海外贸易的重要地方，商业经营技术也有提高。这意味着孕育粤商文化的基础条件已经趋于成熟。

魏晋南北朝史料关于粤商的记录增加很多。三国时期，广东地区属于吴国。吴国为了争霸全国，十分重视南方经济开发和海外贸易。广东地区在这段时期也得到比以往更好的开发，对外贸易进一步发展。《太平御览》记载三国时期吴国丹阳太守万震在《南州异物志》中描写来到广州从事商业活动的海外船舶：

"外域人名舡，舡大者长二十余丈，高去水三、二丈，望之如阁道，载六、七百人，物出万斛。"①

《三国志》在记录吴国交趾太守士燮时描写了海外进口的商品：

"燮每遣使诣权，致杂香细葛，辄以千数，羽珠、大贝、流离、翡翠、瑇瑁、犀象之珍，奇物异果，蕉、邪、龙眼，无岁不至。"②

士燮及其家族曾经担任日南、交趾、九真、南海等地太守，在岭南拥有很高地位。其中士燮担任太守四十多年，成就最大。《三国志》认为士燮的功劳不在赵佗之下：

"燮兄弟并为列郡，雄长一州，偏在万里，威尊无上，出入鸣钟磬，备具威仪，笳箫鼓吹，车骑满道，胡人夹毂焚烧香者常有数十，震服百蛮，尉他不足逾也。"③

三国之后，西晋短暂统一了全国，但很快陷入内乱。东晋占领南方，社会相对稳定。于是中原大量百姓迁徙到南方。其中，一部分百姓迁徙到广东地区。广州出土的西晋"永嘉五年（公元311年）"和"建兴二年（公元314年）"的方格纹墓砖中，印有"永嘉世，九州空，余吴土，盛且丰""永嘉世，天下荒，余广州，皆平康"等铭文。

---

① 李昉等. 太平御览：卷769（舟部二）[M]. 北京：中华书局，1960：3412.
② 陈寿. 三国志：卷49（吴书·士燮传）[M]. 北京：中华书局，1971：1192-1193.
③ 陈寿. 三国志：卷49（吴书·士燮传）[M]. 北京：中华书局，1971：1192.

"永嘉"是西晋末年号。这不仅使广东地区人口进一步增长，而且促使广东地区生产经营技术进一步提高，客观上有助于广东地区经济社会发展。《晋书》中描写广州：

"广州包带山海，珍异所出，一箧之宝，可资数世。"[①]

明末清初著名学者顾炎武描写晋代广州中外经商汇聚的情况：

"晋时，广州南岸周旋六十余里，不宾服者五万余户，皆蛮蜑杂居。"[②]

东晋灭亡后，进入南北朝对立时期。广东地区属于南朝。南北朝之间的战争主要发生在黄河流域和长江流域，使得更多百姓和士族迁徙到岭南。南朝政权也更加重视开发岭南地区，也重视海外贸易，以获取更多经济、军事能力。这在客观上进一步促进了广东地区经济社会发展。《宋书》记载了广东海外贸易繁荣的情况：

"晋氏南移，河、陇复隔，戎夷梗路，外域天断。若夫大秦、天竺，迥出西溟，二汉衔役，特艰斯路。而商货所资，或出交部，汛海陵波，因风远至。又重峻参差，氏众非一，殊名诡号，种别类殊。山深水宝，由兹自出，通犀、翠羽之珍，蛇珠火布之异，千名万品，并世主之所虚心。故舟舶继路，商使交属。"[③]

"海南诸国，大抵在交州南及西南大海洲上，相去近者三五千里，远者二三万里，其西与西域诸国接。……晋代通中国者盖鲜，故不载史官。及宋、齐，至者有十余国，始为之传。自梁革运，其奉正朔、修贡职，航海岁至，逾于前代矣。"[④]

"至于南夷杂种，分屿建国，四方珍怪，莫此为先。藏山隐海，斑宝溢目，商舶远届，委输南州，故交广富矣，物于王府。"[⑤]

① 房玄龄等.晋书：卷90（吴隐之传）[M]. 北京：中华书局，1974：2341.
② 陈梦雷等.古今图书集成（第164册）[M]. 北京：中华书局，1985：22.
③ 沈约.宋书：卷97（夷蛮）[M]. 北京：中华书局，1974：2399.
④ 姚思廉.梁书：卷54（诸夷传·海南诸国传）[M]. 北京：中华书局，1973：783.
⑤ 萧子显.南齐书：卷58（东南夷传）[M]. 北京：中华书局，1972：1018.

"郡常有高凉生口及海舶，每岁数至，外国贾人，以通货易，旧时州郡以半价就市，又买而即卖，其利数倍，历政以为常。"①

当时广东海外贸易发达，地方官吏容易敛财。这些情况在史料中也有一些记录。比如，《南齐书》记载：

"广州，镇南海，滨际海隅，……卷握之资，富兼十世。尉他余基，亦有霸迹。"②"南土沃实，在任者常致巨富。世云：'广州刺史但经城门一过，便得三千万也'。"③

史料中也记录了清正廉明的官员。比如，萧劢在梁朝时担任广州刺史，办事比较公正，为官比较清廉，《南史》记载：

"广州近海，旧饶，外国舶至，多为刺史所侵，每年舶至不过三数。及劢至，纤毫不犯，岁十余至。"④"自劢在州，岁中数献，军国所须，相继不绝。武帝叹曰：'朝廷便是更有广州'。"⑤

魏晋南北朝时期，中原地区和江淮地区发生了很多战乱，出现了许多地方割据政权。中原地区很多百姓和士族不断南迁。当时我国南方统治者普遍重视开发岭南地区，支持广州等地开展海外贸易。当时封建统治者的目的在于：一方面获得奇珍异宝，另一方面增加财政收入。在客观上，这有助于广东地区经济发展和社会进步。魏晋南北朝时期，我国科技水平继续发展，出现了祖冲之、郦道元等伟大的人物。随着广东地区在全国的经济地位继续上升，海外贸易发展，广东应该存在商人群体。这些商人很有可能不仅掌握了国内各种商业经营技术，而且掌握了与海外贸易的相关技术。这些粤商因商业而聚集了大量财富。魏晋南北朝时期相关史料中记录商业经营的资料也增加了很多，但没有记录广东地区知名的商人。这说明尽管当时国内外商业

---

① 姚思廉. 梁书：卷33（王僧孺传）[M]. 北京：中华书局，1973：470.
② 萧子显. 南齐书：卷14（州郡志）[M]. 北京：中华书局，1972：262.
③ 萧子显. 南齐书：卷32（王琨传）[M]. 北京：中华书局，1972：578.
④ 李延寿. 南史：卷51 [M]. 北京：中华书局，1975：1262.
⑤ 李延寿. 南史：卷5 [M]. 北京：中华书局，1975：1262.

繁荣，但商人地位不高。当时封建帝王和地方当权者重视商业的主要原因是获得奢侈品和财政收入，而商人不能成为独立的重要社会力量。这段时期广东地方汉族雏形初步形成，粤语等地方方言也开始形成。从粤商文化发展历程的角度来看，当时广东地方特色文化趋于成型，国内外商业繁荣，汇聚各种商业经营技术，应该具备形成粤商文化的从属性条件和独特性条件。但是，当时粤商文化始终处于萌芽的状态，没有发育为成形的粤商文化，至少没有成形为流传后世的粤商文化。其主要原因很有可能是：第一，当时社会生产力不高，必须在农业投入大量劳动力才能维持社会稳定；第二，当时统治者采取重农政策，认为国家根本在于农业，海外贸易只是增加财政收入的手段；第三，当时土地始终是最主要的生产资料，封建地主在经济、政治、军事等领域均占优势地位，商人处于弱势地位。

从隋代再次统一全国（公元589年）至清代出现广东地方政府招募、指定行商与外国商人做生意，并代为征缴相关税收之初（公元1684年），广东地区经济社会进一步发展，广州始终是重要的海外贸易城市。

隋代是我国历史上统一而强盛的朝代。从史料来看，隋代设置了管理海外贸易事务的机构：

隋炀帝时在鸿胪寺下"置四方馆于建国门外，以待四方使者，……东方曰东夷使者，南方曰南蛮使者，西方曰西戎使者，北方曰北狄使者，各一人，掌其方国及互市事"[1]。

这说明隋代十分重视海外贸易，也意味着海外贸易在隋代的经济社会中占有比较重要的地位。当时广东是我国开展海外贸易的重要地区：

"南海、交趾、各一都会也。并所处近海，多犀、象、瑇瑁、珠玑、奇异珍玮。故商贾至者，多取富焉。"[2]

---

① 魏征等．隋书：卷28（百官下）[M]．北京：中华书局，，1973：798．
② 魏征等．隋书：卷31（地理下）[M]．北京：中华书局，1973：887-888．

从海外贸易商品来看，隋代进口商品依然是各种奇珍异宝，与以前朝代进口物品相似。这意味着隋代贸易规模有所增加，但是商品结构没有变化。虽然隋代延续时间不长，但隋代许多重要制度创新被唐代等朝代继承，如科举制、均田制、府兵制等。隋代设置管理海外贸易事务的机构也被后来的唐代等朝代继承。《新唐书·柳泽传》中记载殿唐玄宗时期殿中侍御史柳泽到岭南监察选才任官，柳泽发现：

"时市舶使、右威卫中郎将周庆立造奇器以进。"①

这说明唐代在岭南地区设置了专门管理海外贸易事务的官职市舶使。既然唐代在岭南设置专门管理海外贸易事务的官职，那么意味着当时岭南海外贸易比较繁盛，应该有大量的人在岭南从事海外贸易，需要专人管理海外贸易的事务。当然，封建王朝设立专门管理海外贸易的官职应该主要是为皇家搜罗奇珍异宝和征税。《全唐文》卷75李昂的散文《太和八年疾愈德音》记载了唐文宗的一篇诏书提到减轻海外商人税负的情况：

唐文宗曾下诏说："南海蕃舶本以慕化而来，固在接以恩仁，使其感悦。如闻比年长吏，多务征求，怨嗟之声，达于殊俗。况朕方宝勤俭，岂爱遐深。深虑远人未安，率税尤重，思有矜恤，以示绥怀。其岭南、福建及扬州蕃客，宜委节度观察使常加存问。除舶脚、收市、进奉外，任其来往通流，自为交易，不得重加率税。"②

这份诏书提到岭南、福建和扬州节度观察使管理海外商人，要求"舶脚、收市、进奉外"不允许额外征税。这说明当时地方官员经常对海外商人征收额外税收。这些额外税收也是岭南等地方政府重要的财政收入。尽管海外各国与我国远隔重洋，地方政府官员还额外征收重税，但还是有很多海外商船来到广州。《旧唐书》《新唐书》都记载

① 欧阳修，宋祁. 新唐书：卷112（柳泽传）[M]. 北京：中华书局，1975：4176.
② 董浩等. 全唐文：卷75（文宗皇帝·太和八年疾愈德音）[M]. 北京：中华书局，1983：784-785.

了海外商船来到广州经营的盛况：

"广州地际南海，每岁有昆仑乘舶与中国交易。"[①] "南海郡利兼水陆，璃宝山积。"[②] "南海兼水陆都会，物产瑰怪。"[③]

唐代高僧鉴真和尚在自传《唐大和尚东征传》中也描述了唐代海外商船云集广州的情景：

"（广州）江中有，婆罗门、波斯、昆仑等船，不知其数，并载香药珍宝，积载如山。其舶深六、七丈。狮子国、大石国、骨唐国、白蜜、赤蛮等往来居住，种类极多。"[④]其中以狮子国的商船最大："南海舶，外国船也。每岁至安南广州。狮子国最大，梯而上下数丈，皆积宝货。"[⑤]

这说明当时海外商人到我国进行商业贸易能够获得很高收益，足以弥补远渡重洋的各项费用和在广州等地交易的各种苛捐杂税。海外商人来我国广州等地贸易带来了奇珍异宝，带回去的货物应该也是海外各国需要的且价格昂贵的商品。当时我国产出的丝绸、瓷器和茶叶等商品应该深受海外商人青睐。

当然地方政府官员执政对海外商人贸易还是有重要影响。《旧唐书》称赞曾任广州刺史、兼任岭南节度观察使李勉是清正廉明的地方官员，没有盘剥海外商船，使得海外商船大幅度增加：

"大历四年，除广州刺史，兼岭南节度观察使，……前后西域舶泛海至者，岁才四五，勉性廉洁，舶来都不检阅，故末年至者四千余。"[⑥]

《旧唐书》记载另一位比较清廉的、曾任广州刺史的卢钧时，提

① 刘昫等. 旧唐书：卷89（王方庆传）[M]. 北京：中华书局，1975：2897.
② 刘昫等. 旧唐书：卷98（卢怀慎传附子奂传）[M]. 北京：中华书局，1975：3069.
③ 欧阳修，宋祁. 新唐书：卷126（卢怀慎传附子奂传）[M]. 北京：中华书局，1975：4418.
④ 真人元开. 唐大和上东征传[M]. 北京：中华书局，1979：74.
⑤ 李肇. 唐国史补：卷下[M]. 上海：上海古籍出版社，1979：63.
⑥ 刘昫等. 旧唐书：卷131（李勉传）[M]. 北京：中华书局，1975：3635.

到他的前任们想方设法搜罗巨额财物：

"南海有蛮舶之利，珍货辐凑，旧帅作法兴利以致富，凡为南海者靡不捆载而还。"①

《旧唐书》还记载唐玄宗时期宰相卢怀慎的儿子卢奂为官清正。卢奂能够坚持清廉操守，受到广州当地人的称赞。作为对比，卢奂的前任刘巨鳞、彭杲都因严重的贪污而受到严惩被处死：

"刘巨鳞、彭杲相替为太守（指南海郡太守），五府节度，皆坐赃巨万而死。"②

《旧唐书》记载王锷精于计算，敛聚了大量财物。王锷曾任广州刺使③、御史大夫、岭南节度使。他根据居民财富数量征税，对海外商人设立各种名目收税。除上缴两钱税以外，所收的这些税款都进入了他个人腰包，甚至超过了当时广州的财政收入：

"广州刺使、御史大夫、岭南节度使，广人与夷人杂处，地征薄而丛求于川市，锷能计居人之业而权其利，所得与两税相埒。锷以两税钱上供时进及供奉外，余皆自入。西南大海中，诸国舶至；则尽没其利。由是锷家财富于公藏，日发十余艇，重以犀象珠贝，称商货而出诸境，周以岁时，循环不绝，凡八年，京师权门多富锷之财。"④

总的来看，封建王朝的多数地方官员贪污敛财，而只有少数地方官员清正廉明。即便在唐代开元盛世四十年，广州地方政府的官员只有四位比较清明廉政：

"自开元以来四十年，广府节度清白者有四，谓宋璟、裴伷先、李朝隐及奂。"⑤

---

① 刘昫等. 旧唐书：卷177（卢钧传）[M]. 北京：中华书局，1975：4591-4592.
② 欧阳修，宋祁. 新唐书：卷126（卢怀慎传附子奂传）[M]. 北京：中华书局，1975：4418.
③ 又称刺史.
④ 刘昫等. 旧唐书：卷151（王锷传）[M]. 北京：中华书局，1975：4060.
⑤ 刘昫等. 旧唐书：卷98（卢怀慎传附子奂传）[M]. 北京：中华书局，1975：3069.

在唐代，广州不仅是我国重要的海外贸易城市，也是全世界最重要的贸易城市之一。在唐代出现了一次海外商人抢劫广州城的事件：

"癸巳广州奏：大食、波斯围州城，刺史韦利见逾城走，二国兵掠仓库，焚庐舍，浮海而去。"①

这意味着：第一，广州存在大量海外商人，形成了强大的力量。第二，广州是当时十分富裕的城市。第三，广州地方政府官员严苛盘剥海外商人，聚敛大量财富，使海外商人失去生存和发展的机会。第四，唐代在经济、科技等各领域处于世界领先地位，综合国力强盛，但广州作为重要海外贸易港口城市却没有设置足够的防御军事力量。

到五代，南方地方政权更加重视广州的海外贸易功能。当南汉王面临宋代统一全国的趋势时甚至考虑乘船逃亡海外：

"铱以海舶十余，悉载珍宝、嫔御，将入海。"②

隋、唐、五代期间，我国再次经历了从统一强盛到混乱分裂的过程。在这个过程中，广州地区经济、科技等领域持续发展。当时我国战争主要发生在黄河流域、长江流域等地区，使得这些地区人员迁徙到相对安定的岭南地区，这有助于岭南地区经济社会发展。广州等岭南地区海外贸易也随之进一步发展，成为我国重要的对外贸易地区。史料显示，最晚从唐玄宗时期开始，中央政府专门在广州设置了专门行政机构市舶使管理海外贸易。这说明当时广州海外贸易规模已经到了中央政府十分重视的程度。当然，这些史料没有专门提到广东地区的知名商人。到宋、元、明、清，广东的海外贸易地位不断加强。清代乾隆时期，广州一度成为全国唯一的对外贸易港口，涌现出大量富商，当时广州对外贸易因此盛极一时。清末民国初年，广州邻近香港，许多商人学习了西方商业经营模式，引进华侨和外国商人资本开

---

① 司马光. 资治通鉴: 卷220 [M]. 北京: 中华书局, 1956: 7062.
② 欧阳修. 新五代史: 卷65 [M]. 北京: 中华书局, 1974: 819.

办银行、洋行、商行等商业。在这一段时间里，广东出现了许多大商人，如伍秉鉴、唐廷枢、徐润、张弼士、马应彪、郑观应、陈启沅、薛广森、简照南、简玉阶、唐廷桂、莫仕扬、莫干生、卢观恒、梁经国、吴健彰、陈芳、卢九、郭乐、蔡昌、李敏周、黄焕南、吴麟书、梁炎卿、李煜堂、方举赞、张榕轩、张耀轩、胡文虎、胡子春、郑景贵、叶观盛、姚德胜等。许多文献资料记录了这些商人及其商业经营情况。其原因可能是：第一，当时广东最先受到西方的影响，逐渐开始重视商业经营。欧美国家开始了工业革命，陆续成为工业化国家。这些国家科技、军事、政治等突飞猛进，具备开展全球贸易的能力，经济社会发展水平快速超过我国。粤商地位也随之不断提高，一些史料开始记录这些粤商及其商业经营情况。第二，当时商业经营趋于复杂，这些粤商必须有高超的写作能力和决策能力。粤商们也能够读书、做官，成为社会精英。粤商为了与外国人做生意，必须掌握大量知识才能具备复杂的沟通和决策能力。这些粤商完全有能力记录自身的情况及其商业经营情况。第三，从历史进程来看，当时我国正面临千年变局，封建制度正在瓦解，仁人志士争论和尝试各种国家图强的道路。当时的粤商们不但拥有巨额财富，还拥有参与社会管理的观念和能力，而且实际参与了当时我国变革进程，如辛亥革命、北伐战争等。近代粤商正是在这种背景下登上了历史舞台，展现了独特的文化。

新中国成立后，特别是改革开放以来，广东成为我国先行先试之地。改革开放初期，我国设立一批经济特区作为改革试验田。其中，在广东设立的经济特区位于深圳市、汕头市和珠海市。这些特区摸索出适合我国国情的改革开放路径，为我国制定经济政策提供了重要参考依据。商业经营在广东改革开放中具有十分重要的地位。除国家改革开放政策有利于广东人商业经营取得成功之外，还有三个方面的原因：第一，广东面临南海，具有海外贸易的区位优势。第二，广东自古以来作为我国对外贸易重要窗口，具有海外商业经营的传统。第三，广东是很多海外华人和华侨的祖籍地，具有联络海外市场和学习国外商业经营规则的便利条件。可见，广东人经营商业具有面向海外的特点。在改革开放的过程中，广东涌现出许多企业家，如马化腾等。许多祖籍广东的华人华侨参与了广东经济建设，如李嘉诚等。

广东海外贸易历史可以追溯到秦代以前。在这两千多年的历史中，广东一直是我国重要的海外贸易窗口。据此，我们可以推测长期作为我国海外贸易港口所在地的广东应该存在大量从事商业活动的劳动者，也应该形成了适应海外商业贸易的文化。

第三节　文化

一、文化的含义

研究粤商文化的落脚点是文化。文化一词在人类历史中出现的时间很早，而且语义随时代进步而不断发展。我国文化一词最早出现在西汉时刘向的《说苑·指武》："圣人之治天下也，先文德而后武力。凡武之兴，为不服也；文化不改，然后加诛。"这里的文化一词是以文教化百姓的意思，与武力压迫相对称，符合当时统治阶级需要表达的意思。文化的这个意思更早地出现在《易经·贲卦》之《象传》："观乎天文，以察时变；观乎人文，以化成天下。"《说苑·指武》和《易经·贲卦》之《象传》都属于我国古代重要文献资料，其中文化的含义是指通过礼仪、典章等方式教化百姓，使百姓通过讲礼的方式解决矛盾，而避免使用武力压迫其他人。这相当于由"文"与"化"两个部分构成文化一词的含义。"文"是礼仪、典章等，"化"是教化。教化是一个动词，有施教者，也有受教者。教化的内容是"文"。可见《说苑》和《易经》中的"文"更侧重于教化，应该是动词。其中"文"字包含的礼仪、典章等似乎更靠近现在《新辞源》中文化一词的前半部分的含义。《新辞源》较好地继承了我国古代文化一词的含义，概括十分精练，覆盖的范围十分广泛，但不宜直接对应探究粤商文化的含义。

我国《新辞源》对文化的释义是：文明所表现的典章、制度和教化。《新辞源》对文明的解释是：人类进步的状态，和野蛮相对。《新辞源》对文化和文明两个词语的释义合在一起是：人类进步的状态所表现的典章、制度和教化。《新辞源》对文化的直接释义中表达为"教化"。我国《新编现代汉语词典》对文化的解释有三种：第一，在人类社会历史和发展过程中所创造的精神财富和物质财富的总和，特指精神财富，如文学、艺术、教育、科学等。第二，考古学用词，指同一时期不依分布地点为转移的真迹、遗物的综合体。同样的工具、用具，同样的制造技术等，是同一种文化的特征，如仰韶文化、龙山文化等。第三，指运用文字的能力和一般知识。《新编现代汉语词典》对文化的第三种解释在人们日常生活中运用比较多，突出个人学识水平。《新编现代汉语词典》对文化的第二种解释专门适用于考古。《新编现代汉语词典》对文化的第一种解释应用范围较广，被当作文化的广义定义。《新编现代汉语词典》对文化的第一种解释包含了两层含义：一是精神财富和物质财富的总和，二是特指精神财富。这第二层含义大致符合《新辞源》对文化的界定。它的第二种解释专门用于考古学，但其中表达的"同样的工具、用具，同样的制造技术等，是同一种文化的特征"对界定粤商文化具有一定帮助。它的第三种解释不适合于探究粤商文化。从探究粤商文化的角度来看，《新编现代汉语词典》对文化一词的解释提供了如下关键因素：首先，文化可以表现为精神财富，也可以表现为物质财富。通常，精神财富与人的思想观念有关，从价值观到习俗，从一般方法到具体技术，都可以理解为精神财富。物质财富具有物资形态。文字、图画等承载了大量精神财富，同时也具有物资形态。建筑物、器具、食品等物质财富也能表现精神财富。比如，广东开平碉楼、功夫茶具、白切鸡等都体现了广东人的思想观念。可见，精神财富与物质财富是两个不同的事物，但联系紧密。其次，文化的特征是某个特定群体的共同点。这个共同点可以是相同的工具、用具等物资，也可以是技术、方法、态度、观念等精神。广东人作为中国人的一部分经过两千多年演化形成了许多共同点。这些共同点构成广东地域特色文化，而广东地域特色文化是中华优秀传统文化的组成部分。粤商是广东人的一部分，应该具有广东人的这些共同点。这些共同点是粤商区别于其他商人群体的特点。粤商是从事商业经营的群体，应该具有从事商业活动的劳动者的一些共同点。这些共同点是粤商区别于其他广东人的特点。广东人的特点与商人的特点集合在一起构成了粤商文化的基础。这两大群体的特点在粤商群体上长期共存，最终融合成为独特的粤商文化。

从西方历史来看，古代希腊"Paideia"一词有教育和智力的含义，接近现代文化一词的部分意思。古代罗马出现了"Cultura"，意思是耕耘、培植。"Cultura"形式上接近了"Culture"，而且Culture也有耕耘、培植的意思。可见，文化作为词语应用范围十分广泛，不同领域的学者对文化的解释差异较大。唯有先界定好文化的范围，才能恰当确定研究粤商文化的范围。《牛津词典》对Culture一词的解释有六种：

第一，国家或群体的风俗、信仰、艺术、生活方式及社会组织；第二，拥有特定信仰等的国家、群体；第三，艺术、音乐、文学等的统称；第四，某特定群体或组织共有的一致看法和态度；第五，种植，栽培，养殖，培育；第六，培养物，培养细胞，培养菌，培养。

这些词典尽量高度概括了文化一词在不同场合下的精髓。当探究某个具体事物的时候，需要根据该事物的背景来确定文化的具体内涵和外延。《牛津词典》对 Culture 的第一种、第二种和第四种释义的相同点是：第一，确定文化的内容，包括共同的风俗、信仰、艺术、生活方式及社会组织，也包括群体内所有个体共同的一致看法和态度；第二，确定文化属于某个特定群体。它们的不同点是群体的范围，大到国家，小到学校或者企业。第三种释义是从学科的角度列举与文化相关的领域。第五种和第六种释义与西方相关词语在古代的意思有关，但不适合界定粤商文化。从探究粤商文化的角度来看，《牛津词典》对 Culture 的第一种至第四种释义没有超过《新辞源》和《新编现代汉语词典》对文化一词的解释。前两者采取的表述方式是列举为主，而后两者是归纳为主。

二、当代粤商文化中文化的界定

从粤商开展经营需要管理人员、资金和货物的角度来看，粤商文化应该属于管理学的范畴。从粤商需要配置各种资源、达到最佳经济效益的角度来看，粤商文化应该属于经济学的范畴。从粤商纵跨千年的演进过程来看，粤商文化应该属于历史学的范畴。从粤商有类似的价值观、信仰、方言，也喜好共同的饮食、戏剧来看，粤商文化还涉及社会学、政治学和哲学范畴。可见，粤商及其文化的学科背景十分广泛而复杂。在谈论粤商文化时不能简单地把文化圈定在一个学科范围内，而需要从多个学科背景下考虑如何界定文化。

不同学科关于文化的概念界定也不一样。文学、艺术、政治、经济、管理、法律等很多学科都使用文化一词。当代文学家余秋雨先生在《何谓文化？》一书中把中国文化的生命归结为三个"道"：在社会模式上，建立了"礼仪之道"；在人格模式上，建立了"君子之道"；

在行为模式上，建立了"中庸之道"。管理学者在研究企业管理中经常使用企业文化一词。特伦斯·E.迪尔、艾伦·A.肯尼迪等学者把企业文化归结为五个要素：企业环境、价值观、英雄人物、文化仪式和文化网络。美国人类学家克鲁伯（A.Kroeber）和克拉克洪（C.Kluckhohn）在1952年出版了《文化，对其概念和定义的评述》。书中列举了从1871年到1951年的80年间至少有160种的文化定义，并把这些定义分为描述性的定义、历史的定义、规范论的定义、结构性的定义等四类。[1]1871年英国人类学家泰勒在《原始文化》一书中认为文化是"一个复合的整体，其中包括知识、信仰、艺术、法律、道德、风俗以及人们作为社会成员而获得的任何其他的能力和习惯"。[2]黑格尔认为"文化以其绝对的定义说……是解放和高度解放的工作"。[3]康德指出："在一个有理性的存在者里面，产生一种达到任何自行抉择的目的的能力，从而也就是产生一个存在者自由地抉择其目的之能力的就是文化。"[4]我国史学者张广智和张广勇认为："文化是人的创造。人类创造了历史，也创造了文化。……文化伴随人类而来。"[5]梁漱溟也认为文化是人类生活的样法，文化包括物质生活、社会生活和精神生活三大领域。[6]蔡元培认为"文化是人生发展的状况"[7]。陈先达认为"文化有理论形态的文化，也有世俗形态的文化"。[8]

　　因为当代粤商文化形成于我国改革开放时期，是中国特色社会主

---

① 任裕海. 全球化、身份认同与超文化能力 [M]. 南京：南京大学出版社，2015：148.
② 泰勒. 原始文化 [M]. 连树声，译.上海：上海文艺出版社，1992：1.
③ 黑格尔. 黑格尔全集：第7卷 [M]. 梁志学，李理，译.北京：商务印书馆，1971：215-216.
④ 康德. 判断力批判：下卷 [M].韦卓民，译.北京：商务印书馆，1987：95.
⑤ 张广智，张广勇. 史学，文化中的文化——文化视野中的西方史学 [M]. 杭州：浙江人民出版社，1990：2.
⑥ 梁漱溟. 东西文化及其哲学 [M]. 上海：商务印书馆，1922：53.
⑦ 蔡元培. 蔡元培美学文选 [M]. 北京：北京大学出版社，1983：113.
⑧ 陈先达. 文化自信与中华民族的伟大复兴 [M]. 北京：人民出版社，2017：12.

义建设的成果之一，是在马克思主义基本原理指导下开展的社会实践，所以必须在马克思主义基本原理与中华优秀传统文化相结合的语境下研究当代粤商文化。马克思和恩格斯在经典著作中没有明确定义文化，但多次使用文化一词。1844年，马克思在对魏特林和蒲鲁东的理论水平进行比较时指出："谈到德国工人总的文化、知识的水平或者他们的接受文化、知识的能力，那我就提醒读者注意魏特林的天才著作，不管这些著作在论述的技巧方面如何不如蒲鲁东，但在理论方面有很多却胜过他。"①马克思指出："全部社会生活在本质上是实践的。凡是把理论引向神秘主义的东西，都能在人的实践中以及对这个实践的理解中得到合理的解决。"②马克思在《哥达纲领批判》中使用了文化论述劳动的价值："孤立的劳动（假定它的物质条件是具备的）即使能创造使用价值，也既不能创造财富，又不能创造文化。"③马克思指出："思想、观念、意识的生产最初是直接与人们的物质活动，与人们的物质交往，与现实生活的语言交织在一起的。人们的想象、思维、精神交往在这里还是人们物质行动的直接产物。"④马克思认为："宗教、家庭、国家、法、道德、科学、艺术等等，都不过是生产的一些特殊的方式，并且受生产的普遍规律的支配。"⑤马克思在1859年的《政治经济学批判》序言中指出："物质生活的生产方式制约着整个社会生活、政治生活和精神生活的过程。不是人们的意识决定人们的存在，相反，是人们的社会存在决定人们的

---

① 中共中央马克思恩格斯列宁斯大林著作编译局. 马克思恩格斯全集：第一卷 [M]. 北京：人民出版社，1956：483.
② 中共中央马克思恩格斯列宁斯大林著作编译局. 马克思恩格斯选集：第一卷 [M]. 北京：人民出版社，2012：135-136.
③ 中共中央马克思恩格斯列宁斯大林著作编译局. 马克思恩格斯选集：第三卷 [M]. 北京：人民出版社，2012：359.
④ 中共中央马克思恩格斯列宁斯大林著作编译局. 马克思恩格斯选集：第一卷 [M]. 北京：人民出版社，2012：151.
⑤ 中共中央马克思恩格斯列宁斯大林著作编译局. 马克思恩格斯文集：第一卷 [M]. 北京：人民出版社，2009：186.

意识。"①恩格斯曾指出:"政治、法律、哲学、宗教、文学、艺术等的发展是以经济发展为基础的。但是,它们又都互相影响并对经济基础发生影响。"②马克思指出:"关于艺术,大家知道,它的一定的繁盛时期绝不是同社会的一般发展成比例的,因而也绝不是同仿佛是社会组织的骨骼的物质基础的一般发展成比例的。"③马克思指出:"批判的武器当然不能代替武器的批判,物质力量只能用物质力量来摧毁。但是理论一经群众掌握,也会变成物质力量。"④在《共产党宣言》中,马克思和恩格斯指出:"各民族的精神产品成了公共的财产。民族的片面性和局限性日益成为不可能,于是由许多种民族的和地方的文学形成了一种世界的文学。"⑤马克思和恩格斯突出了实践与文化之间作用与反作用的关系,强调了实践是文化发展的动力,而文化也能影响实践。在长期的人类社会实践活动中,人们形成了适合自身生产和生活状况的文化。先进的文化能够推动人类社会实践活动发展,促进人们生产和生活进步。落后的文化则可能阻碍人类社会实践活动发展,不利于人们生产和生活进步。不能适应人们实践需要的文化将最终走向消亡。世界各地在实践中相互借鉴的、有利于自身发展的先进文化,创造出适应广阔范围实践的文化。实践是文化形成、发展和衰亡的根本动力。研究当代粤商文化必须从实践出发。

瞿秋白基于马克思主义基本原理对文化作出了解读:"所谓'文化'(Culture)是人类之一切'所作'。一、生产力之状态,二、根据于此状态而成就的经济关系,三、就此经济关系而形成的社会政治组

---

① 中共中央马克思恩格斯列宁斯大林著作编译局. 马克思恩格斯文集:第二卷[M]. 北京:人民出版社,2009:591.
② 中共中央马克思恩格斯列宁斯大林著作编译局. 马克思恩格斯文集:第十卷[M]. 北京:人民出版社,2009:668.
③ 中共中央马克思恩格斯列宁斯大林著作编译局. 马克思恩格斯文集:第八卷[M]. 北京:人民出版社,2009:34.
④ 中共中央马克思恩格斯列宁斯大林著作编译局. 马克思恩格斯文集:第一卷[M]. 北京:人民出版社,2009:11.
⑤ 中共中央马克思恩格斯列宁斯大林著作编译局. 马克思恩格斯选集:第一卷[M]. 北京:人民出版社,2012:404.

织，四、依此经济及社会政治组织而定的社会心理，反映此种社会心理的各种思想系统，凡此都是人类在一定的时间、一定的空间中之'所作'，这种程序是客观上当有的。"①瞿秋白把文化界定在精神层面，同时强调文化是人类实践的产物。毛泽东以历史唯物主义为指导，把文化定义为："一定的文化（当作观念形态的文化）是一定社会的政治和经济的反映，又给予伟大影响和作用于一定社会的政治和经济；而经济是基础，政治则是经济的集中的表现。"②毛泽东对文化的定义科学地界定了文化的范围，一方面阐述了文化作为社会存在在人们思想中的反映，另一方面突出了文化源于社会实践、用于社会实践的普遍规律。这个定义强调了作为人类群体的社会在文化形成和发展中的作用，文化是人类群体的共同实践的结果。毛泽东对文化的定义从个体到群体阐明了文化的社会属性，强调文化作为社会的政治和经济的反映。毛泽东对文化的定义不仅清晰地说明了文化与其重要事物的关系，而且阐述了文化的内部结构。邓小平指出："我们要在建设高度物质文明的同时，提高全民族的科学文化水平，发展高尚的丰富多彩的文化生活，建设高度的社会主义精神文明。"③邓小平的论断突出了文化进步与生产力进步相辅相成的关系，强调我们党在改革开放中要"两手抓、两手都要硬"，抓好社会主义物质文明和精神文明两个文明建设。改革开放以来，中国特色社会主义建设取得伟大成就，其中之一就是中国特色社会主义文化建设的巨大成果。邓小平指出："属于文化领域的东西，一定要用马克思主义对它们的思想内容和表现方法进行分析、鉴别和批判。"④这要求文化研究必须立足于马克思主义。只有用马克思主义基本原理才能科学地认识各种文化

---

① 瞿秋白. 瞿秋白选集［M］. 北京：人民出版社，1985：15-16.
② 毛泽东. 毛泽东选集：第二卷［M］. 北京：人民出版社，1991：663-664.
③ 邓小平. 邓小平文选：第二卷［M］. 北京：人民出版社，1994：208.
④ 邓小平. 邓小平文选：第三卷［M］. 北京：人民出版社，1993：44.

现象、探究各类文化的本质。

习近平总书记指出："中国特色社会主义文化，源自于中华民族五千多年文明历史所孕育的中华优秀传统文化，熔铸于党领导人民在革命、建设、改革中创造的革命文化和社会主义先进文化，植根于中国特色社会主义伟大实践。"[①]习近平总书记的论述清晰地阐述了中国特色社会主义文化形成过程，指明了中国特色社会主义文化的要素及其结构，突出了中国特色社会主义伟大实践对中国特色社会主义文化形成的历史性作用。这一论述科学地定义了中国特色社会主义文化，把马克思主义基本原理与我国文化进步实际情况相结合，指出了中国特色社会主义文化的深刻内涵。经过几代中国共产党人不懈努力，中国特色社会主义文化取得了巨大成就。党的二十大报告提出："从现在起，中国共产党的中心任务就是团结带领全国各族人民全面建成社会主义现代化强国、实现第二个百年奋斗目标，以中国式现代化全面推进中华民族伟大复兴。"[②]我们研究文化必须把马克思主义基本原理同中华优秀传统文化相结合，努力正确回答时代和实践提出的重大问题。因此，我们研究当代粤商文化必须坚持马克思主义基本原理，必须结合中华优秀传统文化，必须从实践出发着力解决实践面临的问题。

第四节　粤商文化

一、粤商文化的行业范围

根据历史文献资料，自秦代开始，广东一直是我国海外贸易的窗

---

①　习近平. 习近平谈治国理政：第三卷 [M]. 北京：外文出版社，2020：2.
②　习近平. 高举中国特色社会主义伟大旗帜　为全面建设社会主义现代化国家而团结奋斗 [N]. 人民日报，2022-10-26（002）.

口，许多人以贸易为生。粤商是广东商贸行业的群体，是中国商贸行业的一部分。粤商文化具有中华优秀传统文化的本质特征，是中华优秀传统文化在广东商贸行业的具体表现。习近平总书记深刻指出："中华优秀传统文化是中华民族的文化根脉，其蕴含的思想观念、人文精神、道德规范，不仅是我们中国人思想和精神的内核，对解决人类问题也有重要价值。"①中华民族共同体历史生成有着丰富的文化资源，中华传统文化基因起到重要的黏合和凝聚作用。②从粤商两千多年历史过程来看，经过时间的洗礼，任何阶段都只能把优秀的文化留给后续阶段，而糟粕会被抛弃。每到重大历史转折关头，文化都能感国运之兴衰，发时代之先声，为民族为国家鼓与呼③。习近平总书记深刻指出："传统文化在其形成和发展过程中，不可避免会受到当时人们的认识水平、时代条件、社会制度的局限性的制约和影响，因而也不可避免会存在陈旧过时或已成为糟粕性的东西。"④粤商文化一方面是中华优秀传统文化在广东地区的表现形式，另一方面也是中华优秀传统文化在商贸行业的表现形式。从现在掌握的资料来看，从秦汉时代开始，广东已经成为我国与东南亚等国进行贸易的重要地区。到了宋代，广州成为朝廷海外贸易城市和税收的重要来源地。宋朝于971年在广州设立市舶司管理海外贸易。⑤广州成为宋代最为重要的海外贸易港口城市，带来了大量财政收入。两宋在海外广招外商来华贸易的同时，对外商在中国经营、居留等提供各种保护，外商在中国近海遭遇风暴，则及时提供救助、抚恤，体现了负责任的大国的

　　① 习近平. 习近平谈治国理政：第三卷［M］. 北京：外文出版社，2020：314.
　　② 孔亭. 中华民族共同体的历史生成及其文化基因［J］. 新疆大学学报（哲学·人文社会科学版），2022，50（02）：85-92.
　　③ 张城. 中国语境的社会主义启蒙叙事［J］. 文史哲，2022（05）：17-32；165.
　　④ 习近平. 在纪念孔子诞辰2565周年国际学术研讨会暨国际儒学联合会第五届会员大会开幕会上的讲话［N］. 人民日报，2014-09-25（02）.
　　⑤ 漆侠. 宋代经济史：下册［M］. 上海：上海人民出版社，1988：1032.

自信。①当朝廷打算终止广州市舶司时，绍兴二年（1132年）六月二十一日广南东路经略安抚提举市舶司上奏，乞求保留。

广州自祖宗以来，兴置市舶，收课入倍于他路。每年发舶月分，支破官钱，管设津遣，其番汉纲首、作头、梢工等人，各令与坐，无不得其欢心。非特营办课利，盖欲招徕外夷，以致远怀之意。旧来或遇发舶众多，及进贡之国并至，量增添钱，数亦不满二百余贯，费用不多，所悦者众。

今准建炎二年七月敕，备坐前提举两浙市舶吴说箚子，每年宴犒诸州所费不下三千余贯，委是枉费，缘吴说即不曾取会本路设番，所费数目例蒙指挥寝罢，窃虑无以招邀远人，有违祖宗故事，欲乞依旧犒设。②

在宋代，广州海外贸易不仅给朝廷带来了大量财政收入，而且当地很多人依赖服务海外贸易生活。在明代，明武宗正德四年（1509年），朝廷放宽了私人海上贸易，对番货实行"抽分"制度，对暹罗、满剌加等国的来华货物，俱按十分之三抽。③广州在明代依然是我国海外贸易重要港口城市。德国学者贡德·弗兰克（Gunder Frank）认为，在15世纪至18世纪之间巨额白银流入中国，"中国获得了大约6万吨白银，大概占世界有记录的白银产量的一半"④。在清朝中后期，广州成为全国海外贸易的唯一窗口。根据1645—1911年每年净输入中国的白银数量，得出清代流入中国的海外白银约为5亿两⑤。这说明商业经营，特别是海外贸易，成为历代广东人谋生的

　　①　郝祥满. 宋朝航海贸易圈的拓展、管理及其国际协商 [J]. 贵州社会科学，2023（07）：64-74.
　　②　徐松. 宋会要辑稿 [M]. 北京：中华书局，1957：644-645；643.
　　③　吴昊. 朝贡与海禁：明代海外贸易政策述论 [J]. 宁波大学学报（人文科学版），2023，36（05）：93-101.
　　④　弗兰克. 白银资本：重视经济全球化中的东方 [M]. 刘北成，译. 北京：中央编译出版社，2005.
　　⑤　王信，孟郁聪，郭冬生. 中国历史上白银大规模跨境流动研究 [J]. 金融研究，2023（07）：193-206.

重要途径。

　　海外贸易的传统代代相传，经过千年历史沉淀到了广东商人的文化基因之中。例如清代十三行著名商人潘振承（又名潘启，字逊贤，号文岩）通过海外贸易积累了巨额财富。正因为潘振承名为潘启，故其商名被称为潘启官。①潘振承的贸易对手英国人对他的评价是："潘启官现在的财富、权力和影响力在各方面都是无与伦比的。"②潘振承不仅精于与国内官吏和商民打交道，而且熟稔英国等西方商人各种商业经营技巧。潘振承早年三次往返马尼拉的贸易实践，积累了丰富的海外贸易经验，熟悉了多种外国语言。③作为商人，潘振承为获取利益可以披上不同的外衣，在这个过程必然融合了不同文化的符号，而其内在的根本还是中华传统文化。这极有可能是当时粤商的常态。另一位著名的十三行商人伍秉鉴亦善于与中外商贸的各色人物交流，能够把握各种商机，从而获得巨额财富。据统计，1834年（道光十四年），伍秉鉴拥有资金2 600万两墨西哥鹰洋银元（相当于今天50亿美元）。④伍秉鉴在广州从事海外贸易的过程中熟知了世界发展趋势，在美国投资房地产、石油、钢铁、电报、保险业等，"有买卖生意在美利坚国，每年收息银二十余万两（银元）"⑤，获得巨额回报。伍秉鉴的"巨大成功至少部分地归功于他与波士顿利益团体的友谊，但波士顿人同样得益于浩官⑥。"⑦由于伍氏在美国投资巨大而闻名美国，致使美国有一艘商船出航时，竟以伍氏之名命名

---

　　① 汤开建，李嘉昌. 清代广州同文行第一代行商潘振承商业活动考述：清代广州十三行行商研究之五［J］. 中国经济史研究，2023（03）：5-27.
　　② Paul A. Van Dyke. Merchants of Canton and Macao：Success and Failurein Eighteenth-Century Chinese Trade［M］. Hong Kong：Hong Kong University Press，2016：92.
　　③ 汤开建，李嘉昌. 清代广州同文行第一代行商潘振承商业活动考述：清代广州十三行行商研究之五［J］. 中国经济史研究，2023（03）：5-27.
　　④ 黄启臣，伍秉鉴. 清代前期世界首富［J］. 岭南文史，2020（02）：61-66.
　　⑤ 贾祯等. 筹办夷务始末（咸丰朝）：卷26［M］. 北京：中华书局，1979：973.
　　⑥ 伍秉鉴又称"浩官"，为平日商人之间的简易称谓. 参见梁嘉彬. 广东十三行考［M］. 广州：广东人民出版社，1999：284.
　　⑦ 当斯. 黄金圈住地：广州的美国人商人群体与美国对华政策的形成（1784—1844）［M］. 周湘，江滢河，译. 广州：广东人民出版社，2015：98.

为"伍浩官号"。[1]在伍秉鉴与外国商人打交道的过程中展现了中西文化交融。在十三行商人与早期中美关系中，我们能看到如伍秉鉴这般能够很好地同西方商人尤其是美国商人合作，双方在衣、食、住、行等方面的友好交流，体现了早期"中西共生"的别样存在方式。[2]

18世纪和19世纪，英、法、德、俄、美等西方国家完成了工业革命，建立了资本主义制度，综合国力日渐强盛。当时我国处在清王朝的封建统治之下，逐渐落后于西方资本主义国家。在这个历史转折的时期，粤商作为海外贸易的群体，最先接触到西方，较早地产生了强烈的救亡图存、富民强国的思想。例如，郑观应、唐廷枢等粤商先在洋行经营中掌握了西方商业契约、企业管理规则等，后来放弃洋行优厚待遇，到我国轮船招商局等服务，展现了高超的经商能力。郑观应的《盛世危言》述及国体政制、经济制度、教育体制、植树造林、垦殖拓边等，成为清朝末年影响广泛的著作。在这千年海外贸易过程中，广东地区从事商业贸易的人员长期、频繁地接触到海外文化。诸如，粤商通过与外国商人打交道而学习和掌握了外国语言，在商务交流过程中了解了外国商人的生活习惯等。清代粤商会按照外国商人要求在瓷器上绘制西方特定的图案。旅居海外的粤商更是熟知海外当地的风土人情、法律制度等。粤商在长期的生产、经营和生活中融合了海内外各种文化元素形成了富有广东商贸行业特色的文化——粤商文化。粤商文化成为中华优秀传统文化在广东商贸行业的具体表现的符号之一。海内外各种文化元素的融合是历代粤商文化的外在表现特点之一。广东地区作为我国海外贸易的重要窗口长达千年，则是历代粤

---

① 王健. 清代广州行商伍秉鉴与早期中美关系 [J]. 苏州科技大学学报（社会科学版），2023, 40（02）: 61-70; 108.
② 王健. 清代广州行商伍秉鉴与早期中美关系 [J]. 苏州科技大学学报（社会科学版），2023, 40（02）: 61-70; 108.

商文化融合海内外各种文化元素的重要条件。显然,在这个融合海内外各种文化元素的过程中轻重程度存在区别。从模式上看,粤商文化是以中华优秀传统文化为基础融合了海外优秀商业文化元素,形成了表现形式多样的地方文化。从路径上看,粤商文化是粤商在接触海外商业技术和规则过程中了解海外文化,吸收其中优秀的成分,进一步丰富了广东商贸行业文化的色彩。"巴士(Bus)""士多(Store)"等词,早已进入内地粤方言体系,成为岭南居民共同的日常词汇。①"打的"一词,其实是粤方言、英语、普通话三语杂糅而产生的表达法。②人们在使用该词组时,往往不会意识到,这一表达法是英语经过了广东话和普通话两道"本土化工序"加工演变而成的。③历代粤商接触到的海外文化优秀元素通过粤商们长期的生产、经营和生活实践被吸收到粤商文化之中,而不再被视为外来的文化。因此,历代粤商文化均属于当时中华文化的组成部分,是中华文化在广东商贸行业的具体表现。

二、粤商文化的地域范围

粤商文化不同于其他地区商业文化的标志之一应该是其中包含了广东人的文化。粤商文化不同于其他广东人文化的标志之一应该是其中包含了商业的文化。粤商文化是广东人的文化与商业的文化的交集。由于广东地区作为我国海外贸易窗口长达两千多年,所以粤商文化中的商业文化主要是对外贸易带来的海外文化。广东地区的海外贸易可以追溯到先秦时期。秦代开始,包括广东地区在内的岭南纳入了

---

① 郭宇菲. 粤港澳大湾区的语言遗产与文化认同 [J]. 文化遗产,2023(01):18-23.
② Tong H K, Cheung L H. Cultural Identity and Language: A Proposed Framework for Cultural Globalization and Glocalization [J]. Journal of Multilingual and Multicultural Development, 2011 (1): 55-69.
③ 郭宇菲. 粤港澳大湾区的语言遗产与文化认同 [J]. 文化遗产,2023(01):18-23.

我国行政范围。自此以后，广东地区一直是我国对外贸易的重要窗口，而海外贸易及相关产业成为广东地区部分人员谋生的领域。相比于国内其他地区，广东人通过海外贸易更多地知道海外其他国家和地区的情况、更便捷地通过商船交通到海外其他国家和地区。在1840—1911年间，汕头、广州、香港、澳门、海口等地每年向南洋移民数量则不下十万[①]。在历史上，广东人远赴海外经商的比例也远远高于国内其他地区。追溯中国海外移民史可以发现，清末民国时期，海外华侨的省籍分布，广东省籍的占大多数。[②]海外贸易对广东人敢为人先的地方民性产生了重要作用。梁启超说："广东为泰西入中国之孔道，濠镜一区，自明代已为互市之地。自香港隶属于英，白人之足迹益繁，故广东言西学最早，其民习与西人游，故不恶之，亦不畏之，故中国各部之中，其具国民之性质，有独立不羁气象者，惟广东人为最。"[③]历朝历代粤商们在广东地区开展海外贸易中掌握的各种商业技术、经营观念、海外习俗等融入了粤商文化。如果要赚钱，如要赚大钱，就应做生意去，往南洋做买卖去。[④]与此同时，广东地区商贸行业中富有地方特色的技术、观念、习俗也成为展现粤商文化的载体。在清代"迁海复界"的冲击之下，三大族群[⑤]在特定地区临海混居，形成外生性的族群分布，基于此的实证结果显示，客家、广府、福佬企业的创新投入依次递增，表明海洋文化有利于企业创新[⑥]。在两千多年历史中，粤商文化是历代中华优秀传统文化在广东地区与商贸行业的具体表现的交集。这意味着粤商文化作为中华优

---

① 孙谦. 试论清代闽粤海外移民的影响 [J]. 南洋问题研究，1996（02）：60-65.
② 姚远. 清末民初广东、江苏海外移民比较研究：以华侨省籍分布差异成因为主的分析 [J]. 华侨华人历史研究，2014（04）：66-72.
③ 梁启超. 饮冰室合集：第7册 [M]. 北京：中华书局，1989：129.
④ 陈达. 南洋华侨与闽粤社会 [M]. 北京：商务印书馆，1939：77.
⑤ 赵子乐、林建浩把三大族群界定为：客家族群是乡土社会的典型代表，讲闽南方言的福佬族群属于典型的海洋社会，讲粤语的广府族群介于两者之间。这三个族群在东南地区广泛分布并主要在广东形成犬牙交错的格局。
⑥ 赵子乐，林建浩. 海洋文化与企业创新：基于东南沿海三大商帮的实证研究 [J]. 经济研究，2019，54（02）：68-83.

秀传统文化在广东商贸行业的具体表现，是两千多年商业文化元素与广东地方文化元素在中华文化的基础上不断交融、沉淀才形成的。否则，就没有粤商文化，而只有广东人的文化，或者商人的文化。

粤商文化与中华优秀传统文化的关系，犹如一片树叶与大树的关系：这棵大树有许多形式各异的叶子，任何一片叶子都属于这棵大树；众多的叶子展现了这棵大树旺盛的生命和深厚的底蕴，而大树则是这些叶子的根本。粤商文化是我国粤商这一特定群体在长期生产生活实践中形成的文化，是属于广东商贸行业群体的文化，是中华优秀传统文化在广东商贸行业的具体表现。

第五节　当代粤商文化

一、当代粤商文化的时间范围

当代粤商文化形成于广东改革开放的实践中，是中国特色社会主义文化的组成部分。从内部结构来看，当代粤商文化包括主体、客体、主客体关系。第一，关于当代粤商文化的主体。一般意义上界定的文化的主体强调的是国家、民族、社会、集体、个人等；当代粤商文化主体更多强调当代广东商贸行业人员形成的群体，突出当代广东商贸行业劳动者的特性。第二，关于当代粤商文化的客体。一般意义上界定的文化客体包括不同时期的、隶属的社会制度属性，如封建文化、资本主义文化等。与一般意义上文化客体的宽泛性相比，当代粤商文化客体具有确定性和指向性，明确指向改革开放以来当代广东商贸行业劳动者的思想观念、行为习惯、偏好等，着重强调当代广东商贸行业劳动者作为一个群体的相同行为习惯属性，明确当代粤商文化的实践导向作用，突出当代粤商文化的社会主义性质。第三，关于当代粤商文化的主客体关系。主要是主客体的认识关系、实践关系、价值关系，以及两者的一致性。主体对客体的认知、实践、继承、创新，让客体对主体文化需求的满足，就是主客体关系的展现。当代粤商文化的主客体关系是当代广东商贸行业劳动者群体在实践中积累、建立和更新其自身的思想观念、行为习惯、偏好等，以及思想观念、行为习惯、偏好等满足该广东商贸行业劳动者群体生产经营和生活需要的状况。这些思想观念、行为习惯、偏好等既包括广东商贸行业劳动者群体在长期劳动实践中积累的经验及世代传递，也包括广东商贸行业劳动者群体广泛吸收其他群体的各种经验与教训。当代粤商文化范围分为时间范围和空间范围。当代粤商文化的时间范围是改革开放之后。我国改革开放是建设社会主义的重要时间段。由此，可以认为当代粤商文化属于中国特色社会主义文化的范围。当代粤商文化的空间范围是与广东有关的商业及从事商贸活动的劳动者，不限于广东籍，既包括来广东经商的外地人，也包括到外地经商的广东人，还包括海外华人华侨中的广东人。

中国特色社会主义文化包括中华优秀传统文化、革命文化与社会主义先进文化"三大文化"①。中华优秀传统文化、革命文化与社会主义先进文化各有特征，又存在紧密联系。中华优秀传统文化、革命文化与社会主义先进文化三个不同层面的文化是中华民族、中国人民在不同历史阶段的实践中形成的，各具内涵、特点和功能。②中华优秀传统文化在中国特色社会主义文化中发挥着根基作用。习近平总书记深刻指出："中华优秀传统文化是中华文明的智慧结晶和精华所

---

① 陆卫明，黄佳慧，王子宜. 习近平文化思想的生成逻辑、理论蕴涵及时代价值[J]. 西安交通大学学报（社会科学版），2024，44（02）：8-19.
② 陈金龙，蔡馥. 习近平文化思想的鲜明特征［J］. 新疆师范大学学报（哲学社会科学版），2024，45（01）：7-13；2.

在，是中华民族的根和魂，是我们在世界文化激荡中站稳脚跟的根基。"①中华优秀传统文化是中华民族在五千多年的文明发展历史中积淀的优秀文化。中华优秀传统文化为革命文化、社会主义先进文化提供了深厚的文化底蕴、丰富的精神滋养与强烈的民族情感。淬炼于革命战争年代的革命文化、形成于社会主义建设与改革伟大实践中的社会主义先进文化，都是中华优秀传统文化在马克思主义指导下于不同历史时期发展、转化的成果。②革命文化是在中国共产党以马克思主义为理论武器进行新民主主义革命的过程中形成的，包括革命旧址、革命根据地、革命文献记录、革命精神、理想信念以及革命作风等。近代中国在帝国主义的坚船利炮下陷入文化自信危机，中国共产党人高举马克思主义伟大旗帜，在救亡图存的过程中形成的红色革命文化提振了中国精神和文化自信。③革命文化是马克思主义与中华优秀传统文化在中国共产党领导的革命实践中相结合的成果。因此，革命文化既是马克思主义中国化的成果之一，也是中华优秀传统文化发展的成果之一。社会主义先进文化是马克思主义与中华优秀传统文化在中国共产党带领全国人民开展社会主义建设实践中相结合而形成的成果。因此，社会主义先进文化同样既是马克思主义中国化的成果之一，也是中华优秀传统文化发展的成果之一。社会主义核心价值观是社会主义先进文化的价值引领与灵魂所在，以社会主义核心价值观为纽带建立的广泛价值共识与共同价值追求，能够引导人们正确看待和解决社会在转型期遇到的各种问题，自觉辨别精神世界中的真善美与假恶丑。④马克思指出："要研究精神生产和物质生产之间的联系，

---

① 习近平. 把中国文明历史研究引向深入 增强历史自觉坚定文化自信 [J]. 当代党员，2022（15）：3-5.
② 郭辰，王明月. 新时代弘扬中华优秀传统文化的使命、定位与价值 [J]. 中国矿业大学学报（社会科学版），2023，25（06）：160-175.
③ 赵扬，孙悦. 红色革命文化铸就文化自信的三重逻辑 [J]. 长白学刊，2023（06）：147-152.
④ 马晓燕. 新时代坚定马克思主义信仰的文化逻辑 [J]. 东北师大学报（哲学社会科学版），2023（06）：37-42.

首先必须把这种物质生产本身不是当作一般范畴来考察，而是从一定的历史的形式来考察。例如，与资本主义生产方式相适应的精神生产，就和与中世纪生产方式相适应的精神生产不同。"①在一定历史时期，生产方式的进步必然会带来文化的进步。马克思主义文化观是生产方式进步、社会经济发展的结果。同时，进步的文化又能够推动生产方式的进一步发展，促使社会经济更加繁荣。革命文化、社会主义先进文化都是我国社会生产力发展到一定阶段马克思主义基本原理与中华优秀传统文化相结合的成果，是生产方式进步、社会经济发展推动的文化。革命文化、社会主义先进文化又促进我国生产方式进一步发展、社会经济更趋繁荣。习近平总书记对"三大文化"进行了系统论述，详尽阐述了中华优秀传统文化的重要地位、精神特质、实践路径、发展方式及其时代价值，深入阐发了革命文化的本质内涵及其对于中国共产党保持初心与使命、发扬奋斗精神的重要价值，具体阐明了社会主义先进文化的理论内涵及其对文化繁荣的重要价值、发展社会主义先进文化的实践要求。②从时间维度来看，中华优秀传统文化、革命文化和社会主义先进文化不仅一脉相承，而且共同在中国式现代化和中华民族伟大复兴的道路上发挥着重要作用。习近平总书记指出："马克思主义中国化时代化这个重大命题本身就决定，我们决不能抛弃马克思主义这个魂脉，决不能抛弃中华优秀传统文化这个根脉。"③这深刻揭示了中华优秀传统文化、革命文化与社会主义先进文化三者统一于中国特色社会主义文化的逻辑关系。马克思主义促使中华优秀传统文化在我国社会主义建设事业中迸发新的活力，而中华优秀传统文化为马克思主义中国化时代化提供了深厚的底蕴。革命文

---

① 中共中央马克思恩格斯列宁斯大林著作编译局. 马克思恩格斯全集：第三十三卷 [M]. 北京：人民出版社，2004：346.
② 陆卫明，黄佳慧，王子宜. 习近平文化思想的生成逻辑、理论蕴涵及时代价值 [J]. 西安交通大学学报（社会科学版），2024，44（02）：8-19.
③ 习近平. 开辟马克思主义中国化时代化新境界 [J]. 共产党员，2023（21）：4-6.

化、社会主义先进文化是中国共产党在带领中国人民争取民族独立、人民解放和实现国家富强、人民幸福的伟大实践中推动马克思主义中国化时代化所形成的先进文化。"中国特色社会主义文化，其来有自。它来自博大精深、源远流长的中华优秀传统文化，它来自党团结带领中国人民创造的革命文化、社会主义先进文化，它来自中国特色社会主义建设的伟大实践。"①中国共产党领导全国人民在各地区各行业生产经营和社会生活实践中形成的、富有地方行业特征的文化是中国特色社会主义文化的鲜活表现。这些地方行业文化的本质是中国特色社会主义文化。这些地方行业文化在各地区、各行业的具体生产经营和生活实践中展现了中国特色社会主义文化的活力。当代粤商文化是这些地方行业文化之一。因此，当代粤商文化的本质是中国特色社会主义文化。当代粤商文化在广东商贸行业生动地展现了中国特色社会主义文化的强大活力。

当代粤商文化是 1978 年以来广东商贸行业在党的领导下进行改革开放实践的过程中形成的地方行业特色文化。自 1989 年以来，广东地区生产总值连续 34 年居全国第一。当代粤商文化既是广东改革开放实践的成果之一，又是推动广东改革开放实践的动力之一。中国共产党领导的改革开放是形成当代粤商文化的决定性因素。中国共产党的领导促使当代粤商文化充分反映改革开放带来的广东商贸行业生产方式的进步，促使当代粤商文化成为推动广东商贸行业生产方式进步的积极因素，确保了当代粤商文化的社会主义性质。广东的千年海外贸易传统是形成当代粤商文化重要历史底蕴。习近平总书记指出："历史虽然是过去发生的事情，但总会以这样那样的方式出现在当今

---

① 林建华. 习近平文化思想深化了对中国特色社会主义文化建设规律的认识［J］. 思想教育研究，2023（11）：11-13.

人们的生活之中。"①广东商贸行业在我国改革开放中发挥海外贸易的优势取得了巨大的经济建设成就，推动社会经济趋于繁荣。在这个过程中，当代粤商文化传承和创新了中华优秀传统文化。广东在中国革命中发挥了重要作用，留下了中共三大会址纪念馆、毛泽东同志主办农民运动讲习所旧址纪念馆等一大批革命文物。从大革命洪流滚滚惊涛拍岸到改革开放把握先机再造辉煌，再到中国特色社会主义进入新时代，广州与中国革命、建设和改革开放血肉相连、息息相关。②当代粤商文化的产生既是民族精神和智慧长期累积的结果，也是我国经济快速发展过程中的实践成果。改革开放40多年来，我国社会各方面建设成就举世瞩目，经济持续健康发展，综合国力不断增强，提升了我国国际影响力。中国共产党领导的改革开放为当代粤商文化发展积淀了深厚物质基础和广泛的文化根系。以党的十八大为标志，中国特色社会主义进入新时代，国内各项事业发生广泛而深刻的变化。我国发展处于重要的机遇期，要充分发挥自身的制度优势、文化优势、人口优势等。中国的快速发展改变了中国的命运，同时改变了世界发展格局。在中国共产党领导的改革开放过程中，当代粤商文化成为中国特色社会主义文化在广东商贸行业的具体表现。

二、当代粤商文化的特色

当代粤商文化的特色主要体现在五个方面。一是党对当代粤商文化的领导：党的领导是当代粤商文化形成和发展的决定性因素。从文化建设角度讲，在漫长峥嵘岁月中，党实现了马克思主义中国化三次

---

① 习近平. 牢记历史经验历史教训历史警示 为国家治理能力现代化提供有益借鉴[N]. 光明日报，2014-10-14（001）.
② 薛庆超. 中国共产党百年历史与广州密不可分［N］. 南方日报，2022-06-22（012）.

历史性飞跃，为文化建设提供了科学指南，使文化建设始终走在正确道路上，而丰富生动的崭新实践又转而推进了理论创新。①只要坚持党的领导，当代粤商文化就能在全面建设社会主义现代化国家、以中国式现代化全面推进中华民族伟大复兴的过程中发挥积极作用。二是当代粤商文化的性质：突出当代粤商文化具有鲜明的中国特色社会主义文化属性，是中国特色社会主义建设实践的成果。中国特色社会主义文化，是中国特色社会主义的题中应有之义，它回答了举什么旗、走什么路、发展什么文化的根本问题，反映了人类社会发展规律一般性和中国社会发展道路特殊性的统一，体现了马克思主义中国化的实践路径和文化特色。②当代粤商文化是广东商贸行业在中国特色社会主义建设实践中形成的，属于中国特色社会主义文化的范围，是中国特色社会主义文化在广东商贸行业的具体表现，突出当代粤商文化的本质是中国特色社会主义文化。三是当代粤商文化的指导思想：发挥科学理论的导引作用，以马克思列宁主义、毛泽东思想、邓小平理论、"三个代表"重要思想、科学发展观、习近平新时代中国特色社会主义思想作为科学指南，是在科学理论指导下形成的文化。习近平总书记指出："当代中国的伟大社会变革，不是简单延续我国历史文化的母版，不是简单套用马克思主义经典作家设想的模板，不是其他国家社会主义实践的再版，也不是国外现代化发展的翻版，不可能找到现成的教科书。"③习近平新时代中国特色社会主义思想是当代中国马克思主义、二十一世纪马克思主义，是中华文化和中国精神的时代精华。④正是在科学的理论指导下，当代粤商文化才能在改革开放

① 夏春涛. 党领导文化建设的光辉历程及深刻启示 [J]. 近代史研究，2023（04）：10-19.
② 刘仓. 中国特色社会主义文化的原创价值 [J]. 东岳论丛，2020，41（05）：12-20.
③ 习近平. 在哲学社会科学工作座谈会上的讲话 [N]. 人民日报，2016-05-19（02）.
④ 丁恒星. "两个结合"的内在结构、生成逻辑与价值意蕴 [J]. 中国矿业大学学报（社会科学版），2024，26（01）：1-12.

的实践中逐渐形成。四是当代粤商文化的根基：强调其形成有其深厚的根基，以中华优秀传统文化作为来源与基础。习近平总书记指出："如果没有中华五千年文明，哪里有什么中国特色？如果不是中国特色，哪有我们今天这么成功的中国特色社会主义道路？只有立足波澜壮阔的中华五千多年文明史，才能真正理解中国道路的历史必然、文化内涵与独特优势。"①中华优秀传统文化为当代粤商文化的形成发展提供了丰富的养分。五是当代粤商文化的内容：以社会主义核心价值观为其内容。社会主义核心价值观是社会主义先进文化的价值引领与灵魂所在，以社会主义核心价值观为纽带建立的广泛价值共识与共同价值追求，能够引导人们正确看待和解决社会在转型期遇到的各种问题，自觉辨别精神世界中的真善美与假恶丑。②当代粤商文化深深扎根于中国大地，汲取中国特色社会主义建设实践的丰富给养，具有鲜明的中国特色，引导当代广东商贸行业劳动者在生产经营和生活实践中倡导、践行社会主义核心价值观。

当代广东商贸行业劳动者在我国改革开放中秉持着诚信、务实、创新、奉献的价值观，以国家富强、民族振兴为己任，积极投身于社会主义市场经济的建设中，为我国的经济社会发展作出了重要贡献。当代粤商文化的形成和发展，离不开中国特色社会主义文化的深厚底蕴。中国特色社会主义文化以马克思主义为指导，坚持人民主体地位，弘扬科学精神，倡导社会主义核心价值观，强调社会公平正义，推动人的全面发展。中国特色社会主义文化为当代粤商提供了强大的精神动力和价值导向，引导当代广东商贸行业劳动者在商业活动中突出人民性，坚持诚实守信，追求卓越，勇于创新，乐于奉献。通过当代广东商贸行业劳动者的商业活动，广东商贸行业相关的

① 习近平. 在文化传承发展座谈会上的讲话 [J]. 共产党员，2023（18）：1；4-7.
② 马晓燕. 新时代坚定马克思主义信仰的文化逻辑 [J]. 东北师大学报（哲学社会科学版），2023（06）：37-42.

人们可以直观地感受到中国特色社会主义文化的魅力和力量。当代广东商贸行业劳动者的成功经验和商业模式是中国特色社会主义文化的实践成果。

第三章

当代粤商文化的内涵

当代粤商文化是中国特色社会主义文化在广东商贸行业的具体表现。中国特色社会主义文化是由中华优秀传统文化、革命文化、社会主义先进文化构成的一个有机整体。习近平总书记指出："新的征程上，我们必须坚持马克思列宁主义、毛泽东思想、邓小平理论、'三个代表'重要思想、科学发展观，全面贯彻新时代中国特色社会主义思想，坚持把马克思主义基本原理同中国具体实际相结合、同中华优秀传统文化相结合，用马克思主义观察时代、把握时代、引领时代，继续发展当代中国马克思主义、21世纪马克思主义！"①当代粤商是我国社会主义现代化建设的重要力量，也是中国特色社会主义文化建设的实践者和有力传播者，当代粤商文化是中国特色社会主义文化在广东商贸行业的具体表现。明确中国特色社会主义文化是当代粤商文化的本质，是深入理解当代粤商文化的前提。理解中华优秀传统文化、革命文化、社会主义先进文化在广东商贸行业的具体表现，是掌握当代粤商文化内涵的重要一环。引导社会公众对中国特色社会主义文化在广东商贸行业具体表现的高度认同是建设当代粤商文化的关键。本章将遵循上述思路对当代粤商文化的内涵展开阐述。

第一节 当代粤商文化的土壤

一、当代粤商文化的根源与中华优秀传统文化

中华优秀传统文化源远流长，是中华民族几千年文明的结晶，是中国特色社会主义文化的土壤，也是当代粤商文化的根蒂与血脉。当代粤商文化必须传承中华优秀传统文化，解读中华优秀传统，了解历

---

① 习近平. 在庆祝中国共产党成立100周年大会上的讲话 [J]. 中国人大，2021，
（13）：8-13.

史演进过程，明确当代粤商文化源自中华优秀传统文化的基因，夯实当代粤商文化根基。我们在创新和传承中华优秀传统文化的过程中，必须充分掌握中华优秀传统文化在各地方、各行业的具体表现形式。时至今日，中华优秀传统文化中所包含的部分思想内容与道德情操仍然影响着人们的思想和日常行为。①这不仅是对历史的尊重，也是对未来的期待。中华优秀传统文化是中华民族的精神支柱和文化基因，包含了丰富的哲学思想、道德规范、艺术形式等，对塑造和影响当代粤商文化有着深远的影响。当代粤商文化作为当代广东商贸行业劳动者的精神家园，其价值观念、商业伦理、经营理念等都深深植根于中华优秀传统文化的土壤之中。因此，我们不能忽视中华优秀传统文化对当代粤商文化的塑造作用，更不能忽视当代粤商文化在广东商贸行业传承和发展中华优秀传统文化中担当的重要角色。

中华优秀传统文化是中华民族在长期的发展进程中形成的，对中华文明的延续、祖国统一、民族团结等发挥了不可磨灭的重要作用。习近平总书记指出："要把优秀传统文化的精神标识提炼出来、展示出来，把优秀传统文化中具有当代价值、世界意义的文化精髓提炼出来、展示出来。要完善国际传播工作格局，创新宣传理念、创新运行机制，汇聚更多资源力量。"②2017年，中共中央办公厅、国务院办公厅印发了《关于实施中华优秀传统文化传承发展工程的意见》（以下简称《意见》）。《意见》对中华优秀传统文化主要内容进行界定，主要包括核心思想理念、中华传统美德、中华人文精神。核心思想理念指的是讲仁爱、重民本、守诚信、崇正义、尚和合、求大同等。中华传统美德是指自强不息、敬业乐群、扶危济困、见义勇为、孝老爱亲等促进社会和谐、鼓励人们向上向善的思想文化内容。当代粤商文

---

① 李怀涛，杨文烨. 中华优秀传统文化"双创"的路径探析［J］. 首都师范大学学报（社会科学版），2023（04）：1-7.
② 习近平. 习近平谈治国理政：第三卷［M］. 北京：外文出版社，2020：314.

化作为广东地区商业文化的代表，融合了中华传统美德与现代化的商业理念，形成了独具特色的商业文化。在商业交易中，诚信是最为重要的品质之一。当代广东商贸行业劳动者注重信誉，讲求诚信经营，以诚信赢得了广泛的市场认可和良好的口碑。同时，勤劳也是当代粤商文化的重要特征。广东商人勤奋努力，勇于拼搏，不断追求卓越。当代粤商秉持着"勤能补拙"的信念，通过不懈的努力和奋斗，取得了丰硕的商业成果。此外，节俭也是当代粤商文化的重要价值观。广东商人注重节约资源，善于合理利用资金，不浪费一分一毫，从而实现了经济效益的最大化。中华美德与当代粤商文化的融合也体现在商业道德观念的提升上。在市场竞争日益激烈的今天，商业道德的重要性愈发凸显。当代粤商文化强调商业道德的建设，倡导公平竞争、合法经营等原则。这些粤商注重维护市场秩序，遵守法律法规，树立良好的商业形象。这种对商业道德的重视不仅有助于提升企业形象，也为社会和谐稳定作出了积极贡献。通过传承中华传统美德，当代粤商文化不断发展；通过创新与发展，当代粤商文化适应了时代需求；通过提升商业道德观念，当代粤商文化树立了良好的商业形象。当代粤商文化不仅在广东商贸行业丰富了中华优秀传统文化传承与创新的具体内涵，也为广东地区的经济发展和社会进步注入了强大的动力。

二、中华优秀传统文化对当代粤商文化的滋养

仁爱是中华优秀传统文化核心思想之一。孔子强调仁爱"必由亲始"。从个人对父母、亲人的情感开始，然后推己及人，由爱亲人到爱大众，讲究"忠恕之道"，达到"泛爱众"，由爱大众到爱万物，进而达到仁者"与天地万物为一体"的境界。孟子发展了孔子思想，提出仁政思想，提出"施仁政于民""仁者无敌"。仁爱思想对于构建和谐的人际关系、形成仁爱友善的社会风气，让当代粤商经营注重取财

有道具有重要的现实指导意义。仁爱思想强调人与人之间的互助和关爱。中华传统文化强调仁爱和同理心。[①]在商业活动中，如果企业家能够秉持仁爱之心，关心员工的生活和工作状况，为员工提供良好的工作环境和发展机会，就能够建立起和谐的人际关系。员工感受到企业的关怀和支持，会更加积极地投入工作，为企业的发展贡献力量。中华优秀传统文化引导当代广东商贸行业劳动者着力树立良好的企业形象，赢得客户的信任和忠诚。仁爱思想倡导以和为贵，追求共赢。中华文明历来崇尚"以和邦国""和而不同""和实生物"，形成了中华民族以和为贵的和平性格、海纳百川的包容特质、天下一家的大国气度。[②]在商业竞争中，如果企业家能够摒弃恶性竞争的思维，而是以合作共赢的态度对待合作伙伴和竞争对手，就能够形成一种良性的竞争氛围。这种竞争氛围不仅有利于企业自身的发展，还能够推动整个行业的繁荣。同时，企业家也能够树立起公正、诚信的形象，赢得社会的尊重和认可。仁爱思想强调社会责任意识。当代粤商不仅要关注自身的利益，还要关注社会的发展和社会的福祉。企业家应该积极参与公益事业，回馈社会，为社会的和谐稳定作出贡献。只有具备强烈的社会责任感的企业才能够长久发展，赢得社会的认同和支持。仁爱思想对于构建和谐的人际关系、形成仁爱友善的社会风气，让当代粤商经营注重取财有道，具有重要的现实指导意义。当代粤商应该将仁爱思想融入企业的经营管理，通过关爱员工、追求共赢、承担社会责任等方式，不断提升企业的品质和形象，为社会的和谐发展作出积极贡献。

民本也是中华优秀传统文化核心思想之一。西汉贾谊提出"闻之

① 周秋光，万佳敏. 试论"两个结合"对当代慈善转型的理论与实践支撑［J］. 湖南社会科学，2023（06）：135-143.
② 青觉. 推进中华民族现代文明与中华民族共同体建设系列访谈之一［J］. 中国民族，2023（06）：12-14.

于政也，民无不为本也。"（《新书·大政上》）这是对古代民本思想的概述。中国传统民本思想包括重民、贵民、顺民、养民、教民等重要思想。其中重民思想核心要义主张民为邦本、本固邦宁，强调统治者的一切政治权力来源于人民。"天之生民，非为君也；天之立君，以为民也。"（《荀子·大略》）贵民思想强调人民的重要性要高于国家政权、国家社稷，更要高于君主，即孟子强调的"民为贵，社稷次之，君为轻。"（《孟子·尽心下》）顺民思想强调民众是国家的根本，国家的主体，君主应顺应民心。"政之所兴，在顺民心；政之所废，在逆民心。"（《管子·牧民》）顺应民心就是顺应历史潮流，才能保证政令畅行、政权稳定。富民的思想强调藏富于民，统治者才会得到百姓的拥护。管子提出："凡治国之道，必先富民。民富则易治也，民贫则难治也。"（《管子·治国》）统治者只有减少各种税赋，让老百姓过上富足日子，社会才会繁荣稳定。民本的思想在古代政治生活中发挥了重要作用，是统治者追求的终极目标。中国共产党实践"两个结合"，坚持"人民群众是历史的创造者"的基本观点，重视人民群众的历史作用，依靠人民、保障民权、关注民生，从而确立了"全心全意为人民服务"的根本宗旨，对传统"民本"思想作了符合马克思主义人民观的全新阐释，在传承其合理内核的同时，实现了对它的创造性转化和创新性发展：传统"民本"思想是统治阶级的驭民之策、权宜之计，党的根本宗旨是党和人民利益与意志高度统一基础上的立党之本；"民本"思想的践行有赖于统治阶级的道德自律，党的根本宗旨的落实是由中国共产党的阶级属性所决定的；传统"民本"思想是作为手段和工具的实用主义，党的根本宗旨则是经过新民主主义革命实践证明的真理。[①]民本的思想为当代粤商根据政策引导

---

①　宋银桂，张漫忆. 党的根本宗旨对传统"民本"思想的超越及其新时代意义[J]. 吉首大学学报（社会科学版），2023，44（06）：9-16；136.

开展生产经营提供了重要的借鉴。当代粤商以商业为核心，注重创新、务实和开放，形成了独特的商业价值观和社会责任感，在经营过程中始终将社会责任放在首位，积极回馈社会，关心员工福利，关注环境保护。当代广东商贸行业劳动者通过捐赠公益事业、支持教育发展、扶贫济困等方式，展现了对社会的关爱和责任担当。以人民为中心的价值观念在粤商文化中得到了广泛传播和认同。当代粤商文化对民本思想的传承和发展起到了积极的推动作用。当代广东商贸行业劳动者在商业实践中，注重诚信经营、守法合规，坚守道德底线，为社会树立了良好的商业形象。当代粤商倡导公平竞争，反对垄断行为，维护市场秩序，为消费者提供更加优质、安全的商品和服务。当代广东商贸行业劳动者在企业经营中秉持着以人民为中心的价值观，注重社会责任和道德规范，为社会的和谐稳定发展作出了积极贡献。

诚信是中华优秀传统文化核心理念之一。诚信是做人之本、立国之本。对于个人而言，诚信是最起码的道德准则，是个人在社会立足之本，孟子说："诚者，天之道也；诚之者，人之道也。"（《孟子·离娄上》）孔子说："人而无信，不知其可也。"（《论语·为政》）个人要将诚信内化于心，注重个人的道德修养，同时外化于行，用实际行动信守承诺、践行诚信。就国家的治理而言，施政要诚。"诚信者，天下之结也。"（《管子·枢言》）管子特别强调诚信是治理天下的关键。关于国家治理，子贡请教孔子，孔子强调"民无信不立"（《论语·颜渊》），统治者取信于民，才能获得百姓的信任和拥护。社会主义和谐社会的基本要求，是民主法治、公平正义、诚信友爱、充满活力、安定有序、人与自然和谐相处。①这一思想为当代粤商从维护百姓利益出发开展生产经营提供了重要的借鉴。在当代社会，诚

---

① 刘仓，岳骁. 人类文明新形态的中华文化底蕴［J］. 中国井冈山干部学院学报，2023（06）：33-40.

信被称为商业道德的基石，对于商人来说，诚信是其成功的关键因素之一。在广东地区，当代粤商文化作为中华优秀传统文化的重要组成部分，同样强调诚信的重要性。当代粤商文化源远流长，自古以来就以勤劳、智慧和诚信著称。广东地区位于中国的南部沿海地区，得天独厚的地理条件为当代粤商的发展提供了良好的环境。在长期的经商实践中，当代粤商形成了独特的商业理念和价值观，其中最重要的就是诚信经营。诚信在当代粤商文化中扮演着至关重要的角色。首先，诚信是建立商业信誉的基础。在竞争激烈的商业环境中，只有通过诚实守信的行为才能赢得客户的信任和支持。当代广东商贸行业劳动者深知只有建立起良好的商业声誉，才能在市场中立足并发展壮大。因此，当代广东商贸行业劳动者注重履行合同，遵守承诺，以诚信为基础开展业务。其次，诚信也是当代粤商与其他商人合作的前提。在商业交往中，信任是非常重要的。只有通过真诚的交流和合作，才能建立起稳固的合作关系。当代粤商秉持着"以诚待人"的原则，与客户、供应商和合作伙伴建立了长期稳定的合作关系，共同推动商业繁荣发展。此外，诚信还有助于提升企业形象和品牌价值。在当今社会，消费者越来越重视企业的社会责任和品牌形象，而诚信正是企业履行社会责任的重要体现。当代广东商贸行业劳动者通过坚持诚信经营，树立了良好的企业形象和品牌形象，赢得了消费者的认可和信赖。然而，随着社会的发展和变迁，一些不法分子利用商业领域的漏洞进行欺诈，给诚信带来了一定的冲击。为了维护诚信的价值观，当代广东商贸行业劳动者积极参与公益事业和社会活动，倡导诚信经营的理念，共同构建一个诚信的商业环境。诚信是当代粤商文化不可或缺的一部分。它不仅是商业成功的保障，也是商业道德的基石。只有坚守诚信原则，当代粤商才能在激烈的市场竞争中脱颖而出，实现自身的可持续发展。同时，诚信文化的传承也需要社会各界的共同努力，让诚信成为商业行为的普遍共识，为社会的和谐稳定作出贡献。

正义是中华优秀传统文化核心思想之一。正义一词最早出现在《荀子·儒效》中，"不学问，无正义，以富利为隆，是俗人者也"。讲的是不好学、没有道德的人，谋求私利的人都是失败者。正义是一种做人的道德准则，也是判断是非善恶的准则。做人要做到身正、心正，重义，取义，"义者，宜也"（《中庸》）。"义者，正也"（《墨子·天志下》）。正义是合宜正当的行为，也是道德评判的标准。一个人能否有所成就，靠的也是正义，"行义以正，事业以成"（《荀子·赋篇》）。当道义与生命发生冲突时，要"舍生取义"（《孟子·告子上》）。对于国家治理，孔子强调执政者率先垂范，遵循正道，"政者，正也。子帅以正，孰敢不正"（《论语·颜渊》）。同时正义是保证统治阶级政权稳固的重要方面。《墨子·天志中》说："天下有义则治，无义则乱。"贾谊也说："古之正义，东西南北，苟舟车之所达，人迹之所至，莫不率服。"（《新书·威不信》）"义"是古人个人修行以及国家治理重要的标准。百年大党高擎马克思主义伟大旗帜，以真理为科学武器解决理论与现实中的众多难题，在探索人类解放事业中坚持正确义利关系，超越并发展中华传统道德文化的正义观。[①]正义作为一种道德准则和价值观，对当代粤商文化的形成和发展起到了重要的推动作用。在当代粤商文化中，正义被视为商业行为的基石，是商业成功的关键因素之一。当代粤商秉持"诚信为本"的经营理念，遵守法律法规，遵循市场规则，维护公平竞争的市场环境。这种对正义的追求使得当代广东商贸行业劳动者在商业竞争中赢得了良好的声誉和信誉，也使得这些当代广东商贸行业劳动者在市场

---

① 张怀承，周鸢飞. 论中国共产党对传统道德文化的创新转化与实践发展［J］. 湖南社会科学，2023（05）：9-16.

竞争中取得了巨大的成功。当代广东商贸行业劳动者通过坚守正义的原则，不仅赢得消费者的信任和支持，还树立了良好的企业品牌和社会形象。正义与当代粤商文化的融合还体现在社会责任的履行上。社会的进步和人们对可持续发展的关注，使得企业社会责任成为当代商业的重要议题之一。作为广东地区的代表性商业团体，当代广东商贸行业劳动者在追求经济效益的同时，也积极履行社会责任，关注环境保护、公益事业等社会问题。这些当代粤商将正义融入企业的经营管理，推动企业在经济发展的同时为社会作出贡献。在商业实践中，当代广东商贸行业劳动者坚守正义，赢得了商业伙伴的信任和支持；在传承和发展中华优秀传统文化的过程中，正义成为了当代粤商文化建设的基石。

"和合"一词在《国语·郑语》中首次提到，"商契能和合五教，以保于百姓者也"。此处着重指出父义、母慈、兄友、弟恭、子孝五种道德关系，继而让百姓拥有安身立命的根本。在存在差异性、矛盾性的中国古代社会，古人富有智慧地提出和合思想，为协调人与人之间、人与社会之间、人与自然之间的关系提供价值遵循。在人与人的关系上强调求同存异、同心同德，"君子和而不同，小人同而不和"（《论语·子路》），"千人同心，则得千人之力；万人异心，则无一人之用"（《淮南子·兵略训》）。在处理家庭关系时强调家和万事兴，"父子笃，兄弟睦，夫妻和，家之肥也"（《礼记·礼运》）。在人与自然的关系上强调天人合一，遵循自然规律，与自然和谐相处，"夫大人者，与天地合其德，与日月合其明，与四时合其序，与鬼神合其吉凶"（《易经·乾卦·文言》）。在处理与邻邦的关系时，强调"亲仁善邻，国之宝也"（《左传·隐公六年》）。中华优秀传统文化包含万众一心的历史传承，形成了群策群力的文化共识。①崇尚和合的理念与当代粤商文化之间存在着深刻的联系。首先，和合强调的是和谐共处，这正好符合当代广东商贸行业劳动者在生产经营活动中追求和谐关系的理念。当代广东商贸行业劳动者在商业活动中追求和谐关系，秉持着一种重视和谐关系的经营理念。这种理念强调在商业交往中建立和维护良好的人际关系，注重合作共赢、互利互惠的原则，以促进商业活动的顺利进行和长期稳定发展。和谐关系的建立是当代粤商经营活动的核心。当代广东商贸行业劳动者深知商业交往中人际关系的重要性。当代广东商贸行业劳动者注重与合作伙伴建立互信、互助、互赢的合作关系，注重平等对待、诚信守约，尊重对方的权益和意见，以实现双方的共同利益。同时，这些粤商也乐于倾听他人的建议和意见，积极寻求合作机会，以实现资源的共享和优势互补。和谐关系的维护是当代广东商贸行业劳动者商业活动的保障。当代广东商贸行业劳动者注重长期合作的建立和维护，认为只有通过长期的合作和共同发展，才能实现真正的共赢局面。当代广东商贸行业劳动者会积极主动地解决合作中出现的问题和矛盾，通过沟通协商、妥善处理等方式，保持合作关系的稳定和持续发展。在商业活动中追求和谐关系的理念不仅有助于促进商业活动的顺利进行和长期稳定发展，更是当代粤商对社会的责任担当和价值追求。其次，和合也强调适度和平衡，这与当代广东商贸行业劳动者在商业决策中追求平衡的态度相吻合。在商业决策中，当代粤商展现出了追求平衡的态度。这些粤商深知商业环境的复杂性和不确定性，因此在作出决策时，会综合考虑各种因素，力求取得最佳的平衡点。当代广东商贸行业劳动者在商业决策中注重风险与收益的平衡。当代粤商明白投资和创业都伴随着一

---

① 徐水群. "务必敢于斗争、善于斗争"的哲学意蕴和时代价值 [J]. 中共福建省委党校（福建行政学院）学报，2023（06）：1-8.

定的风险。因此，当代广东商贸行业劳动者会在权衡利弊的基础上，选择那些既能带来稳定收益又能控制风险的项目，以确保企业的可持续发展。当代广东商贸行业劳动者在商业决策中重视长期利益与短期利益的平衡，不会为了眼前的利益而忽视长远的发展，也不会为了追求短期利益而牺牲长期利益。当代广东商贸行业劳动者会制订合理的战略规划，既满足当前的需求，又为未来的发展留下空间。当代广东商贸行业劳动者在商业决策中也注重内部利益与外部利益的平衡，既关注企业内部员工的福利和发展，也关心企业与社会、环境的关系。当代广东商贸行业劳动者努力实现内部利益与外部利益的和谐统一，以促进企业的可持续发展。中国古代和合思想主张以"和而不同"作为确立和处理人们之间社会关系的根本宗旨和基本原则，既尊重个体差异性和社会多样性，又实现和谐统一与交融发展。①当代广东商贸行业劳动者在商业决策中追求平衡的经营理念吻合了中华优秀传统文化和合的思想。这些粤商懂得在复杂多变的商业环境中保持稳定和持续发展的重要性，因此会采取一系列措施来寻求最佳平衡点。这种平衡态度不仅有助于企业在竞争中立于不败之地，也为这些粤商在未来发展中奠定了坚实的基础。最后，和合还强调合作与共赢，这与当代广东商贸行业劳动者在商业实践中寻求合作伙伴，实现共同发展的策略相契合。和合的理念为理解和研究当代粤商文化提供了新的视角和思考方式，当代粤商文化建设也为和合这一理念的实践提供了丰富的实践素材和理论依据。

大同思想与当代粤商文化之间存在着密切的联系并相互影响。大同思想，源于古代中国的儒家哲学。"大同"一词最早出现在《尚书·洪范》中，书中用来描述王、卿士、庶民和天地鬼神同心同德的

---

① 于金富，陈超然. 马克思自由联合理论与中国古代和合思想的高度契合与融合创新［J］. 教学与研究，2023（08）：30-39.

状态，强调的是人心的统一。用大同来描绘理想社会模式和原则的是《礼记·礼运》，"大道之行也，天下为公。选贤与能，讲信修睦……是谓大同"。在大同社会，天下是全天下人的天下，人们没有任何的私心杂念，社会弊端消除，人们生活幸福。求大同反映了古人对未来美好社会的向往与追求，强调人类社会的和谐、平等和共同发展。中国秉承"大同社会"的理想与信念，将"天下为公""心系天下"的精神融入人类命运共同体的构建，站在全人类角度主张世界上所有国家一律平等，在坚持始终维护世界和平的长期发展原则时，积极推进"一带一路"建设，实现世界各国经济发展合作共赢，与世界人民一道共同建设更加美好的世界，为维护全球和平、实现全球治理作出中国的重要贡献。[1]大同思想的和谐理念对当代粤商文化产生了积极的影响。在商业交往中，粤商注重合作共赢，倡导互利共赢的经营理念。当代粤商秉持着"和合共生"的理念，追求与客户、供应商、员工等各方建立长久稳定的合作关系，共同分享商业利益。这种和谐的商业关系不仅有助于企业的稳定发展，也为社会带来了繁荣与进步。大同思想中的平等观念也深深植根于当代粤商文化中。当代粤商重视公平竞争，主张在商业竞争中遵循公平原则，不搞垄断和不正当竞争。当代粤商鼓励创新和创业精神，尊重每个人的劳动成果和权益，为人才提供广阔的发展空间。这种平等的商业氛围吸引了众多优秀的人才投身于广东经济建设，推动了广东地区的经济繁荣和社会进步。大同思想中的共同发展理念也在当代粤商文化中得到体现。当代广东商贸行业劳动者注重社会责任，积极参与公益事业和社会慈善活动。当代广东商贸行业劳动者通过捐款捐物、设立教育基金、支持环保项目等方式回馈社会，推动社会的可持续发展。这种关注社会公益

---

① 于洋. 人类命运共同体理念的建构历程及理论价值 [J]. 西北师大学报（社会科学版），2024（02）：14-22.

的行为不仅提升了企业的社会形象，也为构建和谐社会贡献力量。作为不同时代、不同形态的马克思主义与中国传统文化的"大同"思想，正是基于这种内在的共同的文化精神或价值追求，成为推进马克思主义在中国的广泛传播及落地生根的一个主要的文化精神基础。①大同思想是当代广东商贸行业劳动者在改革开放的实践中把马克思主义与中华优秀传统文化相结合的重要桥梁之一。大同思想的和谐、平等、共同发展、共同富裕等理念在当代粤商文化中得到了积极的传承和发展，进而为广东地区的商业繁荣和社会进步注入强大的动力。

自强不息、坚忍不拔是中华民族在漫长的历史进程中形成并代代传承的传统美德。《周易》称"天行健，君子以自强不息"，孟子说"富贵不能淫，贫贱不能移，威武不能屈"，清末康有为言"自强为天下健"等，是中华民族自立自强人格鲜明写照；在封建社会，中华民族多次打败外来侵略，实现民族的团结与统一。传统意义上的"自强不息"强调的是人格上日新、又新，中国共产党不仅要求每一个党员应该是传承中华传统美德的模范，还应该是党性修养的模范；传统意义上的"自强不息"仅仅是对个人而言，中国共产党则将继承这一传统的主体指向整个党的组织；传统意义上的"自强不息"重在改造主观世界，中国共产党在继承这一传统的同时还赋予其改造客观世界的内容；传统意义上的"自强不息"因为侧重个人人格的修炼和主观世界的改造，所以缺乏探索和创新的精神，而中国共产党的"自强不息"精神因为强调客观世界的改造，所以凸显了勇于探索和创新的内涵。②自强不息的时代新蕴意正是中国共产党领导中国人民传承和创

---

① 姜华，李刚."大同"思想与马克思主义的内在文化精神关联研究 [J]．广东社会科学，2022（01）：81-89．
② 叶子凡，宋银桂."自强不息"的传统与中国共产党勇于探索和创新的革命精神[J]．湘潭大学学报（哲学社会科学版），2023，47（02）：180-187．

新中华优秀传统文化的成果之一，也是当代粤商文化的重要价值观。在当今社会，当代粤商作为广东地区最具代表性的商业群体，其自强不息的精神不仅体现在商业经营中，更融入了企业文化和社会责任。自强不息的精神使得当代广东商贸行业劳动者在商业竞争中保持积极向上的态度。面对激烈的市场竞争和经济波动，当代粤商始终坚守初心，勇于创新，不断追求卓越。当代广东商贸行业劳动者通过不断提升产品质量、服务水平和市场竞争力，实现了企业的持续发展和壮大。同时，当代粤商也积极拓展国际市场，参与全球经济合作与竞争，为中国经济的发展作出了重要贡献。自强不息的精神在当代广东商贸行业劳动者的企业文化中得到充分体现。当代广东商贸行业劳动者注重培养员工的综合素质和职业能力，鼓励员工勇于担当、敢于创新。当代粤商建立了完善的培训机制和发展通道，为员工提供广阔的发展空间和良好的晋升机会。同时，当代粤商也注重企业文化建设，倡导诚信、务实、团结、拼搏的企业精神，形成了一种积极向上的工作氛围和文化氛围。自强不息的精神也贯穿于当代广东商贸行业劳动者履行社会责任的活动之中。当代粤商积极参与公益事业和社会慈善活动，回馈社会。当代粤商关注教育、扶贫、环保等社会领域，通过捐款捐物、设立基金等方式，为社会发展贡献力量。同时，当代粤商也注重企业的可持续发展，倡导绿色生产和循环经济，努力实现经济效益和社会效益的双赢。自强不息不仅是当代广东商贸行业劳动者在商业竞争中取得成功的关键，更是当代粤商企业文化和社会责任的重要体现。

敬业乐群强调的是专心于自己的事业、学业，乐于与朋友切磋，与人相处融洽。据考证，敬业乐群最早出现在《礼记·学记》，"一年视离经辨志，三年视敬业乐群"。唐代孔颖达注释曰："敬业，谓艺业长者，敬而亲之，乐群，谓群居，朋友善者愿而乐之。"（《五经正义》）宋代理学家朱熹说："敬业者，专心致志，以事其业也；乐群者，乐于取益，以辅其仁也。"（《朱子文集》）中华民族历史上不同时期都涌现出一批杰出人物：思想家，如孔子、孟子、董仲舒、王安石等；科学家，如鲁班、张衡、蔡伦、沈括、郭守敬等；医学家，如扁鹊、华佗、张仲景、孙思邈、李时珍等；军事家，如姜尚、孙武、曹操、岳飞等。古语云"术业有专攻"，古人在各自的行业领域敬业乐群，有所建树，极大地推动古代中国的各领域的进步，敬业乐群的传统美德赓续传递。《意见》提出："传承发展中华优秀传统文化，就要大力弘扬自强不息、敬业乐群、扶危济困、见义勇为、孝老爱亲等中华传统美德。"①敬业乐群是当代粤商文化中的重要因素之一，体现了粤商对于工作的专注和对团队的协作精神。当代粤商以专业的态度对待每一项工作任务，追求卓越品质和完美结果。乐群则体现了当代粤商对于团队合作的重视。在当代广东商贸行业劳动者的生产经营实践中，个人的力量是有限的，只有通过团队的协作才能够实现更大的目标。乐群的当代广东商贸行业劳动者懂得尊重他人、倾听他人意见，并且愿意与他人分享自己的经验和知识。当代广东商贸行业劳动者注重团队的凝聚力和协作能力，通过互相支持和帮助，共同面对挑战并取得成功，团结一致才能战胜困难，创造更加辉煌的业绩。敬业乐群是当代粤商文化中不可或缺的重要价值观，凝聚了当代广东商贸行业劳动者对于工作的热爱和对团队的协作精神，为企业的发展注入强大的动力。

扶危济困是我国古代劳动人民在长期生产生活实践中，逐渐形成的互相扶持、救人于危难困苦的高尚道德情怀。《礼记·礼运》对大同社会的描述："故人不独亲其亲，不独子其子，使老有所终，壮有所用，幼有所长，鳏寡孤独废疾者，皆有所养。"已经显现扶危济困

---

① 中国政府网. 中共中央办公厅 国务院办公厅印发《关于实施中华优秀传统文化传承发展工程的意见》[EB/OL]. (2017-01-25) [2023-12-18]. https://www.gov.cn/zhengce/2017-01/25/content_5163472.htm .

的思想。孟子强调人皆有恻隐之心，故"死徙无出乡，乡田同井，出入相友，守望相助，疾病相扶持，则百姓亲睦"（《孟子·滕文公上》）。就会推动扶危济困的行动。明确提到扶危济困一词是在《水浒全传》第五十五回，"素知将军仗义行仁，扶危济困，不想果然如此义气"。在书中"扶危济困"一词强调的是扶助有危难的人，救济困苦的人。北宋范仲淹平时乐善好施，后来范仲淹购置良田一千亩，作为"义田"，用来帮助救济本家族的人们。当时许多封建官绅纷纷效仿，扶危济困蔚然成风。这一中华优秀传统美德延续千年传承至今。习近平总书记指出，要"坚持弘扬和衷共济、团结互助美德，营造全社会扶危济困的浓厚氛围"。①在当代，扶危济困的精神更是被广大的当代广东商贸行业劳动者所推崇和实践。扶危济困，这四个字不仅仅是一种道德理念，更是一种社会责任和商业伦理的体现。扶危济困的理念被深深地融入了当代广东商贸行业劳动者经营活动中。这不仅赢得了社会的尊重和赞誉，也为当代广东商贸行业劳动者的长远发展奠定了坚实的基础。同时，扶危济困的精神也在推动着当代粤商文化的进一步发展。在这个全球化的时代，当代广东商贸行业劳动者开始更加积极地参与到社会公益活动中，通过各种方式在经济、教育、医疗等方面帮助需要帮助的人。这种公益精神的发扬，无疑为当代粤商文化增添了更多的色彩和内涵。为营造反贫困的文化氛围，调动起全社会扶危济困的磅礴合力，在巩固好脱贫攻坚成果的同时，助力实现乡村振兴。②扶危济困与当代粤商文化是紧密相连的。一方面，扶危济困的精神是当代粤商文化的重要组成部分，体现了当代广东商贸行业劳动者的社会责任感和道德情操；另一方面，扶危济困的实践也在推动着当代粤商文化的发展和进步。

① 习近平. 在全国脱贫攻坚总结表彰大会上的讲话［N］. 人民日报，2021-02-26（002）.
② 杨葵. 新时代中国脱贫攻坚精神研究［D］. 长沙：湖南大学，2022.

总之，中华优秀传统文化中的核心思想理念、中华传统美德、中华人文精神等是中华民族精神谱系的重要组成部分，是推动中华民族精神命脉延续的核心，也是当代粤商文化建设的活水源泉。王阳明曾有诗云："抛却自家无尽藏，沿门持钵效贫儿。"作为中华民族的子孙，我们绝不能对五千多年文明传统视而不见、一味迷信西方，不能偏离实现中华民族伟大复兴的航道。中国要走向世界、和平崛起，需要以中华优秀传统文化的"双创"为基础，在世界建构好中国话语和中国叙事体系。[①]中华优秀传统文化是培植当代粤商文化的土壤。当代粤商文化在广东商贸行业生产经营实践中必须突出对中华优秀传统的创造性转化和创新性发展。

第二节　当代粤商文化的灵魂

一、革命文化对当代粤商文化的熏陶

革命文化是中国共产党领导中国民众在争取民族独立、人民解放的历史斗争中形成的文化，是马克思主义基本理论与中国革命斗争实践相结合的产物。革命文化是中国特色社会主义文化的重要组成部分，蕴含着坚定的理想信念、无私的奉献精神和坚韧的斗争意志。革命文化是中国共产党书写的红色篇章，是支撑革命取得胜利的精神力量，鼓舞革命先烈为革命抛头颅、洒热血，激励革命后人坚定信念、报效祖国。当代粤商文化是革命文化在广东商贸行业的具体表现，革命文化是当代粤商文化的灵魂。

关于革命文化的界定，国内学者从革命文化产生的时间、主要内

---

① 叶小文. 中国式现代化之中华优秀传统文化支撑的四维审视 [J]. 北京社会科学，2023（06）：4-16.

容、重要价值意义等方面界定其含义。渠长根认为，革命文化是中国共产党领导广大人民在追求民族解放、国家创建和人民自由征程中的创新创造，如今已经凝练成为一种继往开来的历史财富和文化资源。①李庆刚认为革命文化是党领导人民在新民主主义革命时期形成的"独特革命遗存和风貌、革命精神和传统"。②李东朗认为，革命文化是在长期革命斗争实践中形成的"物质文化与精神财富的总和。"③与革命文化相近的概念是红色文化。红色文化的概念最早出现于1965年苏明达、梁汝毅发表的《草原上的红色文化工作队——记内蒙古"乌兰牧骑"》的通讯报道中，此后学术界从不同角度去研究红色文化。关于红色文化的定义，骆郁廷认为红色文化是党领导人民群众"在新民主主义革命实践中所创造的以革命精神为核心，以红色历史、红色人物、红色文艺、红色遗存等为载体的革命文化"。④沈成飞等人认为红色文化是在革命时期形成的，在社会主义建设、改革等各个时期丰富发展，"以中国化马克思主义为核心的红色遗存和红色精神"⑤。胡继冬认为，红色文化是中国共产党成长发展和中华民族寻求民族解放、实现伟大复兴进程的历史写照，并作为党和国家宝贵的精神财富不断获得传承发展。⑥通过总结专家学者对革命文化的界定，我们可以看到革命文化的指导思想是马克思主义，中国共产党领导的广大人民群众是革命文化创建的主体，形成时期是新民主主义革命时期，具体的成果是革命遗存、风貌、革命精神、传统物质文

① 渠长根. 革命文化是奋力实现民族复兴的持久动力 [EB/OL]. (2018-09-11) [2019-05-26]. http: //news. cctv. com/2018/09/11/ARTITc6L2YnnKnXRAFjr2bBn180911. shtml.
② 李庆刚. 做好继承革命文化这篇大文章 [EB/OL]. (2019-01-11) [2019-07-16]. http: //dangshi.people.com.cn/n1/2019/0111/c85037-30516641.html.
③ 李东朗. 革命文化是党和人民宝贵的精神财富 [J]. 人民论坛，2017 (17): 30-31.
④ 骆郁廷，陈娜. 论红色文化的微传播 [J]. 江淮论坛，2017 (03): 139.
⑤ 沈成飞，连文妹. 论红色文化的内涵、特征及其当代价值 [J]. 教学与研究，2018 (01): 97-104.
⑥ 胡继冬. 深化红色文化记忆的当代价值 [EB/OL]. (2018-11-12) [2019-08-27]. http: //theory.people.com.cn/n1/2018/1112/c40531-30394418.html.

化财富和精神财富总和。

在革命文化的影响下，中国人民形成了以爱国主义为核心的伟大民族精神。中华文明通过革命文化展现的精神标识和文化精髓主要包括新民主主义革命思想理念、新民主主义革命价值观念、新民主主义革命理想信念。[①]当代粤商文化是革命文化在广东商贸行业的表现，体现在以下几个方面：首先，当代广东商贸行业劳动者在经营活动中，坚持以人民为中心的发展思想，注重社会效益和企业社会责任。其次，当代广东商贸行业劳动者在创新发展中，坚持以人为本，注重人才的培养、引进，发挥人才的创新价值。最后，当代广东商贸行业劳动者在合作共赢中，坚持共享发展成果，注重与社会和谐共生。当代粤商文化的这些表现，对推动中国经济的发展，提升中国企业的国际影响力，具有重要的意义。革命文化，作为一种独特的文化现象，代表着一个时代的精神象征，反映了无数热血青年为了理想而奋斗的决心。革命文化承载着历史的厚重，是中华民族精神的重要组成部分，见证了无数先烈为了民族独立和人民解放所付出的巨大牺牲，也激励着我们在新时代继续前行。革命文化教导人们要有敢于拼搏、勇攀高峰的精神，要有敢于创新、追求卓越的品质。革命文化不仅是一种精神象征，更是一种行动指南。革命文化强调为人民服务、为国家发展的理念，鼓励人们以无私的奉献精神为人民谋福祉、求社会进步和国家繁荣。革命文化在当代粤商文化中得到了继承和发扬。当代广东商贸行业劳动者作为我国改革开放时代经济建设的一支重要力量，一直秉持着服务社会、造福人民的初心。当代广东商贸行业劳动者不仅致力于创造财富和就业机会，还积极参与公益事业，回馈社会。当代广东商贸行业劳动者注重企业社会责任，积极履行环境保护、公益慈善等方面的义务。许多广东商贸行业劳动者所在企业设立了自己的

---

① 向玉乔. 论中华文明的精神标识和文化精髓 [J]. 中州学刊，2023（12）：5-13.

公益基金会，投入大量资金和资源支持教育、扶贫、环保等公益事业，为社会发展作出了积极贡献。同时，当代广东商贸行业劳动者也关注员工的福利和发展，提供良好的工作环境和培训机会，促进员工的成长和个人价值的实现。此外，当代粤商文化也强调创新和创业精神。当代广东商贸行业劳动者勇于探索市场机遇，不断推陈出新，推动企业的发展和行业的变革。许多当代广东商贸行业劳动者在技术创新、产品创新和管理创新方面取得了显著成果，为中国经济的发展注入了新的活力。当代广东商贸行业劳动者在商业活动中秉持诚信、守法、创新、奉献的精神，为国家的经济建设和社会进步贡献力量。当代广东商贸行业劳动者坚守法律底线，遵守国家法律法规，以合法合规的方式进行商业活动，这也是他们对社会的责任和对社会进步的贡献。当代广东商贸行业劳动者还具有强烈的创新意识，敢于打破传统，勇于尝试新的商业模式和经营理念，以适应不断变化的市场环境。当代广东商贸行业劳动者的创新精神，不仅推动了自身的发展，也为整个行业的发展注入了新的活力。

二、革命文化对当代粤商文化的铸造

在当今社会，市场竞争日益激烈，当代广东商贸行业劳动者要想在激烈的竞争中立于不败之地，必须具备革命文化倡导的坚定的信念和顽强的毅力。坚定的信念是当代广东商贸行业劳动者成功的基石。在商业竞争中，市场环境瞬息万变，各种挑战和风险层出不穷。只有具备坚定的信念，才能在面对困难和挫折时不轻易动摇，始终保持对成功的信心和追求。信念是内心的力量，能够激发个人的斗志和决心，使其在逆境中迎难而上，勇往直前。顽强的毅力是当代广东商贸行业劳动者市场竞争取胜的关键。商业竞争是一场持久战，需要长期的努力和坚持。在激烈的市场竞争中，只有具备顽强的毅力，才能坚持不懈地追求目标，克服困难，迎接挑战。毅力是一种品质，使人能够在困难面前不退缩、不言放弃，始终保持积极向上的心态和行动力。因此，当代广东商贸行业劳动者要想在激烈的竞争中立于不败之地，必须培养并坚守坚定的信念和顽强的毅力，才能在商业舞台上不断超越自我，创造出更加辉煌的业绩和成就。革命文化激发当代广东商贸行业劳动者突破旧有的制度，去改变不合理的现状，去创造一个更加公正、公平的社会。只有这样，当代广东商贸行业劳动者才能在市场经济的大潮中勇往直前，实现自身的价值和梦想。革命文化作为当代粤商文化的深层内涵之一，为当代广东商贸行业劳动者提供了丰富的思想资源和文化滋养。

革命文化是当代粤商文化的灵魂。在新的历史时期，当代广东商贸行业劳动者应该继续弘扬革命文化，使之成为推动当代粤商文化建设的强大精神力量。爱国主义精神在革命英雄身上体现得淋漓尽致。[①]当代粤商文化建设必须深入理解和把握革命文化的爱国主义精神，将其传承下去。这种精神动力在当代粤商中得到了传承和发扬，成为他们不断追求创新、勇攀高峰的不竭动力。革命文化为当代粤商文化建设提供了丰富的文化资源。这些文化资源包括革命传统、民族精神、共产主义理想等。革命文化为当代广东商贸行业劳动者提供了正确的价值观。坚定信仰、追求真理、勇敢担当成为了当代广东商贸行业劳动者行为的准则，引领当代广东商贸行业劳动者在商业实践中追求更高的目标，实现更大的价值。当代广东商贸行业劳动者应当继承和发扬革命文化，将其融入当代粤商文化的各个层面，为实现中华民族伟大复兴的中国梦贡献力量。

当代广东商贸行业劳动者作为我国经济发展的重要力量，其成长

和发展离不开革命文化的熏陶和塑造。从理论逻辑来看，红色革命文化是马克思主义与中华优秀传统文化的有机结合，铸就了文化自信的坚实基础，巩固马克思主义在意识形态领域的指导地位，筑牢文化自信的坚定信念。[①]在新的历史时期，当代广东商贸行业劳动者需要继续弘扬这种革命文化，通过各种形式的教育和媒体将革命文化的精神内涵和价值观念传播出去，让更多的人了解和接受。当代广东商贸行业劳动者要广泛开展革命文化的传播活动，在实践中感受到革命文化的力量，从而更好地服务于社会，为我国的繁荣和发展作出更大的贡献。在新的历史时期，当代广东商贸行业劳动者要继续弘扬革命文化，使之成为推动当代粤商文化建设的强大精神力量。

第三节　当代粤商文化的标识

一、社会主义先进文化

社会主义先进文化是改革开放以来党在领导人民进行社会主义现代化建设进程中逐渐形成的，是我国社会主义现代化建设的重要组成部分，是我国人民精神文明建设的重要标志。习近平总书记深刻指出"发展中国特色社会主义文化，就是以马克思主义为指导，坚守中华文化立场，立足当代中国现实，结合当今时代条件，发展面向现代化、面向世界、面向未来的，民族的科学的大众的社会主义文化，推动社会主义精神文明和物质文明协调发展"[②]。社会主义先进文化是以马克思主义为指导，以人民为中心，以社会主义核心价值观为主线，强调人的全面发展，注重社会公正，倡导和平发展，弘扬科学精

---

① 赵扬，孙悦. 红色革命文化铸就文化自信的三重逻辑 [J]. 长白学刊，2023（06）：147-152.
② 习近平. 习近平谈治国理政：第三卷 [M]. 北京：外文出版社，2020：32.

神，提倡创新思维，鼓励诚实守信，尊重人权，保护环境，推动社会进步。社会主义先进文化的发展，离不开党的领导。党始终坚持以人民为中心的发展思想，始终坚持社会主义道路，始终坚持改革开放，始终坚持科学发展观，始终坚持全面深化改革，始终坚持全面依法治国，始终坚持全面从严治党，始终坚持全面推进国防和军队现代化。社会主义先进文化是我国社会主义现代化建设的重要成果，是我们党和人民智慧的结晶，是我们党领导人民进行伟大斗争、建设伟大工程、推进伟大事业、实现伟大梦想的重要力量。社会主义先进文化继承和发展了中华优秀传统文化和革命文化，是国家意志和民族精神的体现，是适应我国社会生产力的发展要求、推动我国社会生产力发展的因素。

最初，社会主义先进文化的概念是在20世纪90年代提出的。江泽民在庆祝中国共产党成立80周年大会上的讲话中强调，社会主义先进文化与中国特色社会主义文化、社会主义精神文明在本质上是一致的。"加强社会主义思想道德建设，是发展先进文化的重要内容和中心环节"。[1]对于社会主义先进文化的定义强调科学指导思想、立足实践、面向世界，具有中国特色的文化，即"坚持以马克思列宁主义、毛泽东思想、邓小平理论为指导，立足于建设有中国特色社会主义的实践，着眼于世界科学文化发展的前沿，不断发展健康向上、丰富多彩的，具有中国风格、中国特色的社会主义文化。"[2]社会主义先进文化立足我国国情，适应时代发展，是文化自信的重要组成部分。习近平总书记指出："要坚持社会主义先进文化前进方向，用社会主义核心价值观凝聚共识、汇聚力量，用优秀文化产品振奋人心、鼓舞士气，用中华优秀传统文化为人民提供丰润的道德滋养，提高精

---

① 江泽民. 论"三个代表"［M］. 北京：中央文献出版社，2001：159.
② 江泽民. 论"三个代表"［M］. 北京：中央文献出版社，2001：158.

神文明建设水平。"①中国共产党在不同发展阶段始终是社会主义先进文化代表，引领文化的前行，重视文化创新。我国踏上全面建设社会主义现代化国家的新征程，中国共产党高举文化自信的大旗，坚持走中国特色社会主义文化道路，坚守以人民为中心的立场，让社会主义先进文化展现中华文化实力，提振国人加强文化建设的士气，在国家、民族、政党等文化主题上充分彰显文化自信。

党的十八大以来，习近平总书记反复强调社会主义先进文化对增强文化自信的重要性，在不同场合发表关于发展社会主义先进文化的重要讲话。2017年习近平总书记在广西考察时指出："要增强文化自信，在传承中华优秀传统文化基础上发展社会主义先进文化，加快建设社会主义文化强国。"②社会主义先进文化是中国特色社会主义文化自信的重要内容。2018年，习近平总书记在庆祝改革开放40周年大会上的讲话中强调："我们始终坚持发展社会主义先进文化，加强社会主义精神文明建设，培育和践行社会主义核心价值观，传承和弘扬中华优秀传统文化。"③2019年，党的十九届四中全会通过的《中共中央关于坚持和完善中国特色社会主义制度 推进国家治理体系和治理能力现代化若干重大问题的决定》指出，"发展社会主义先进文化、广泛凝聚人民精神力量，是国家治理体系和治理能力现代化的深厚支撑"④。党中央将社会主义先进文化的建设发展放到国家治理体系和治理能力的高度加以把握。在实现社会主义现代化历史进程中，我们党对社会主义先进文化重视程度不断提升，社会主义先进文化始终发挥着对社会发展、国家治理的文化支撑作用。党的二十大报告指

① 中共中央文献研究室. 习近平关于社会主义文化建设论述摘编 [M]. 北京：中央文献出版社，2017：12.
② 中共中央文献研究室. 习近平关于社会主义文化建设论述摘编 [M]. 北京：中央文献出版社，2017：18.
③ 习近平. 在庆祝改革开放40周年大会上的讲话 [N]. 人民日报，2018-12-19 (002).
④ 十九届中央委员会. 中共中央关于坚持和完善中国特色社会主义制度 推进国家治理体系和治理能力现代化若干重大问题的决定 [N]. 人民日报，2019-11-06 (001).

出："我们不断厚植现代化的物质基础，不断夯实人民幸福生活的物质条件，同时大力发展社会主义先进文化，加强理想信念教育，传承中华文明，促进物的全面丰富和人的全面发展。"①社会主义先进文化是马克思主义政党思想精神上的一面旗帜，引领我国文化建设未来走向。在党的领导下，中国人民迎来从站起来、富起来到强起来历史性跨越的新阶段。强起来不仅是经济、科技、军事等硬实力要强，文化软实力也要不断增强；不仅是党的执政能力要强、国家治理体系和治理能力也要强。要始终坚持社会主义先进文化的前进方向，立足大局、放眼未来，以高度的文化自信，让文化建设行稳致远、步伐矫健，踏上文化建设新征程，开创文化事业新局面。

二、社会主义先进文化与当代粤商文化的标识

发展社会主义先进文化和当代粤商文化建设有着内在的逻辑关系。当代粤商文化在广东经济建设过程中发挥了重要作用，充分体现了中国特色社会主义制度的优越性。社会主义先进文化是推动社会主义文化大发展大繁荣的重要内容，是社会主义强大生命力和显著优越性的根本体现。②当代粤商文化建设必然要不断推进社会主义先进文化发展，社会主义先进文化的繁荣发展必然增强当代粤商文化建设。社会主义先进文化反映着社会的发展变化，推动文化大发展、大繁荣，必然要求包括当代粤商文化在内的各地方、各行业文化发展。社会主义先进文化要把培育和弘扬社会主义核心价值观当作根本任务来对待，而社会主义核心价值观是当代中国精神的集中体现，是凝聚中国力量的思想道德基础，由此构成新时代中国特色社会主义文化的

---

① 习近平. 高举中国特色社会主义伟大旗帜 为全面建设社会主义现代化国家而团结奋斗［N］. 人民日报，2022-10-26（001）.
② 郑保卫，郑权. 新时代推进文化自信自强的历史逻辑、思想内涵与实践路径［J］. 东岳论丛，2023，44（11）：5-12；191.

"本来"。①当代粤商文化是社会主义先进文化在广东商贸行业的生动实践，既展示了广东商人敢为人先、勇于创新的精神风貌，也弘扬和践行了社会主义核心价值观。在推进当代粤商文化建设的实践中满足人民的文化需求，丰富人民的精神文化生活，让人民共享文化发展成果。当代粤商文化是社会主义先进文化在广东商贸行业的表现。当代粤商文化充分体现了社会主义先进文化的优越性，为我国的繁荣和发展提供了有力支持。作为我国经济发展的重要引擎，当代广东商贸行业劳动者所在的广东商贸行业在推动经济增长、提高人民生活水平方面作出巨大贡献。当代广东商贸行业劳动者勇于创新、敢于冒险，不断开拓市场，推动了广东商贸行业经济的快速增长。当代广东商贸行业劳动者的成功经验也为其他地区的企业提供了宝贵的借鉴和启示，促进了全国经济繁荣。当代广东商贸行业劳动者在提高人民生活水平方面作出了积极贡献，通过技术创新和产品升级，提高了人们的生活质量。例如，一些当代广东商贸行业劳动者在家电、通信、汽车等行业推出了高品质的产品和服务，满足了人们日益增长的物质需求。

社会主义先进文化是当代粤商文化的标识，为当代广东商贸行业劳动者提供了坚实的思想基础和价值取向。在世界处于百年未有之大变局的背景下，更需要社会主义先进文化点燃和激发党和人民为实现"十四五"规划和第二个百年奋斗目标的奋斗激情和实干斗志，为推动实现中华民族伟大复兴凝聚磅礴力量。②当代粤商文化建设必须坚持社会主义方向。当代广东商贸行业劳动者是我国经济发展的重要力量。当代广东商贸行业劳动者的文化建设应该符合社会主义的基本要求，必须坚持社会主义方向。当代粤商文化建设必须坚持马克思主

---

① 牟成文. 论习近平文化思想的理论指引和实践伟力 [J]. 宁夏社会科学，2023（06）：12-17.
② 韩致宁. 中国共产党坚定文化自信的实践逻辑 [J]. 学习与探索，2023（11）：9-16.

义。马克思主义主张实事求是。实事求是，就是要从实际出发，对事物进行深入、全面、准确的认识和研究，而不是凭空想象或者主观臆断。这是当代广东商贸行业劳动者在经营活动中必须遵循的原则，具体体现主要有以下几点：（1）当代广东商贸行业劳动者在进行经济活动时，必须以市场需求为导向，而不是以自己的主观意愿或者盲目跟风为依据。只有这样，才能准确把握市场动态，作出正确的经营决策。（2）当代广东商贸行业劳动者在进行产品研发和创新时，必须以科学技术为基础，而不是以自己的主观想象或者空洞的理论为依据。只有这样才能推动企业的技术进步和产品升级，提高企业的竞争力。（3）当代广东商贸行业劳动者在进行经营活动时，必须承担起企业的社会责任感，关注社会公益，关心员工福利，而不是只关注自身的利益。只有这样，才能赢得社会的认同和支持，实现企业的可持续发展。实事求是是当代广东商贸行业劳动者在经营活动中必须遵循的原则，也是他们取得成功的关键因素。当代广东商贸行业劳动者在发展经济的同时，也要注重实际情况，不能脱离实际进行盲目的经济活动。马克思主义主张人民群众是历史的创造者，这是当代广东商贸行业劳动者在经营过程中必须坚持的原则。当代广东商贸行业劳动者在进行经济活动时，必须以服务人民为宗旨，关注人民的需求和利益，而不是仅仅追求自身的利润。只有坚持以人民为中心的发展思想，当代广东商贸行业劳动者才能实现自身的发展目标，同时也能为社会的发展作出贡献。当代广东商贸行业劳动者在发展经济的同时，也要关注社会公众、员工和顾客的利益，尊重社会公众、员工和顾客的权益，才能赢得人民的支持和信任，实现企业的长远发展与和谐发展。中国特色社会主义先进文化不仅深刻凝结着马克思主义的价值理想与精神追求，而且体现了马克思主义中国化时代化的创新创造，满足了中华民族伟大复兴的精神需要。①只有坚持马克思主义，当代粤商文化才能更好地服务于我国的社会主义建设。

当代粤商文化建设必须坚持中国共产党的领导。在中国共产党的领导下，我国经济社会发展取得了举世瞩目的成就，人民生活水平不断提高，国家综合国力显著增强。取得新民主主义革命伟大胜利之后，中国共产党带领全国人民开始了社会主义建设的新征程，先后取得了一系列巨大成就，用铁的事实粉碎了"中国崩溃论"，打破了"西方中心论"。②当代广东商贸行业劳动者作为中国经济的重要力量，必须坚定支持中国共产党的领导，积极参与社会主义建设，为实现中华民族伟大复兴的中国梦贡献力量。在中国共产党的坚强领导下，当代广东商贸行业劳动者得以更好地发挥其独特的优势，从而为国家的经济发展作出更大的贡献。在中国特色社会主义市场经济建设的大潮中，当代广东商贸行业劳动者凭借自身的勤劳、智慧和敢为人先的精神创造了一个又一个的商业奇迹。"事实证明，改革开放是决定当代中国命运的关键抉择，是党和人民事业大踏步赶上时代的重要法宝。"③当代广东商贸行业劳动者的成功，充分体现了中国共产党的正确领导和中国特色社会主义制度的优越性。中国共产党领导是我国社会主义市场经济的一大特色，也是我国社会主义制度的一大优势。当代粤商文化建设必须坚持中国共产党的领导，这是当代广东商贸行业劳动者自身发展的根本保证，也是当代广东商贸行业劳动者为祖国繁荣富强作出贡献的根本保证。

当代粤商文化以其独特的魅力和影响力积极践行人类命运共同体

---

① 周琦. 效应、困局、对策：全球化场域下中国文化自信的三重观照 [J]. 东岳论丛，2023，44（10）：20-28.
② 邢国忠. 中国文化自强的底气、特征及路径 [J]. 湖湘论坛，2023，36（06）：20-30.
③ 十八届中央委员会. 中共中央关于全面深化改革若干重大问题的决定 [N]. 人民日报，2013-11-16（001）.

的理念。人类命运共同体强调全球各国人民的命运紧密相连，应该共同努力推动构建一个共享和平、繁荣和发展的世界。2015年9月习近平主席在第七十届联合国大会的重要讲话中，阐述了人类命运共同体的内涵，"建立平等相待、互商互谅的伙伴关系，营造公道正义、共建共享的安全格局；谋求开放创新、包容互惠的发展前景；促进和而不同、兼收并蓄的文明交流；构筑尊崇自然、绿色发展的生态体系"。[①]当代广东商贸行业劳动者一直以来都秉持着开放、包容、合作、共赢的精神，积极参与全球经济交流与合作。在践行人类命运共同体的过程中，当代粤商文化发挥着积极的作用，在全球范围内传播着中国的发展智慧和经验。当代广东商贸行业劳动者积极参与国际经济合作，推动全球经济治理体系改革，为构建更加公正合理的国际经济秩序作出努力，向世界展示了中国的经济发展和社会进步。通过当代广东商贸行业劳动者的商业活动，世界各国可以了解到中国如何通过改革开放和科技进步实现了经济的快速发展和社会的持续进步。当代粤商文化在全球范围内的传播，不仅提升了中国的文化影响力，也为全球提供了一种成功的经济发展模式和生活理念，对于推动全球经济的发展具有重要的参考价值。当代粤商文化正在以实际行动践行人类命运共同体的理念，展现出广东商贸行业劳动者的全球视野和社会责任感。当代粤商文化不仅为中国的发展注入新的活力，也为推动构建人类命运共同体作出重要贡献。

社会主义先进文化强调社会主义核心价值观，包括富强、民主、文明、和谐、自由、平等、公正、法治、爱国、敬业、诚信、友善等。这些价值观贯穿于当代广东商贸行业劳动者的商业实践中，使当代广东商贸行业劳动者在追求经济利益的同时，始终保持对社会的责

---

① 习近平. 携手构建合作共赢新伙伴 同心打造人类命运共同体［N］. 人民日报，2015-09-29（002）.

任和担当。作为建设文化强国的主轴，社会主义核心价值观在建设中华民族现代文明中占据重要地位。①当代广东商贸行业劳动者通过积极参与公益事业、回馈社会，展现了社会主义先进文化的精神风貌。社会主义先进文化也为当代广东商贸行业劳动者提供了广阔的创新空间和发展动力。当代广东商贸行业劳动者在市场经济的大潮中，不断创新商业模式、提升企业管理水平，形成了一批具有国际竞争力的企业和品牌。在市场经济的大潮中，当代广东商贸行业劳动者以其独特的商业智慧和敏锐的市场洞察力，不断进行商业模式的创新，以适应日益变化的商业环境。他们不仅注重产品和服务的质量，更重视企业的管理水平和效率，通过引入现代化的管理理念和方法，提升了企业的运营效率和竞争力。在这个过程中，当代广东商贸行业劳动者逐渐形成了一批具有国际竞争力的企业和品牌。这些企业和品牌凭借其优质的产品和服务，以及卓越的管理能力，赢得了国内外消费者的认可和信赖。当代广东商贸行业劳动者在改革开放中取得的成功，不仅推动了广东商贸行业的发展，也为中国的经济发展作出重要贡献。当代广东商贸行业劳动者在市场经济的大潮中，通过不断创新商业模式、提升企业管理水平，已经形成了一批具有国际竞争力的企业和品牌。这些企业的文化和品牌具有当代粤商文化的特征，符合社会主义核心价值观。当代广东商贸行业劳动者的成功是中国特色社会主义市场经济发展的一个缩影，也是中国经济发展的一个重要标志。当代广东商贸行业劳动者取得的这些成果，离不开社会主义先进文化的激励和引导。

　　社会主义先进文化不仅为当代广东商贸行业劳动者发展提供了方向，还为当代广东商贸行业劳动者提供了坚实的文化底蕴和精神力

---

　　① 杨灿，陈克娥. 习近平建设中华民族现代文明重要论述的建构历程、生成渊源及践行理路 [J]. 学术探索，2023（09）：1-8.

量，使得他们在商业领域中能够更加自信地面对各种挑战和机遇。建设社会主义先进文化的过程，既是使当代中国由一个文化大国转变为一个文化强国的过程，也是使中华文明走入现代社会、构建起中华民族现代文明的过程。①社会主义先进文化也为当代广东商贸行业劳动者提供了丰富的精神食粮。当代广东商贸行业劳动者在商业活动中不仅追求经济利益的最大化，也注重社会责任的履行和文化传承的推动。他们积极支持公益事业，关注教育、文化、环保等领域的发展，为社会的繁荣和进步作出积极贡献。这种积极向上的精神风貌，正是社会主义先进文化的重要体现之一。社会主义先进文化还为当代广东商贸行业劳动者提供了一个广阔的思想空间。在市场经济的大潮中，当代广东商贸行业劳动者面临着各种各样的困惑和挑战。而社会主义先进文化为他们提供了一个理论框架和思想指导，帮助他们正确认识和把握社会发展的大势，从而更好地应对各种风险和挑战。社会主义先进文化不仅是当代广东商贸行业劳动者在商业竞争中的道德准则和行为准则，也是他们在生活中的精神支柱和思想引领。通过坚守社会主义核心价值观，当代广东商贸行业劳动者能够在商业领域中展现出高尚的品质和道德风范，同时也为我国社会主义事业发展作出积极贡献。当代广东商贸行业劳动者有责任和义务去传承和弘扬我们的社会主义先进文化。当代广东商贸行业劳动者不仅在自己的企业中，更是在自己的生活中，都在积极地实践社会主义核心价值观。当代广东商贸行业劳动者在企业经营中，坚持以社会主义核心价值观为指导，积极传播正能量，为社会创造了丰富的精神食粮。当代广东商贸行业劳动者在全球化的背景下，积极传承和弘扬社会主义先进文化，这无疑为我国的社会主义先进文化的繁荣和发展作出重要的贡献。社

---

① 商志晓. 中华民族现代文明论要［J］. 马克思主义研究，2023（06）：48-55；64；155-156.

会主义先进文化是当代粤商文化的标识，为当代广东商贸行业劳动者提供了坚实的思想基础和价值取向。

中华优秀传统文化、革命文化、社会主义先进文化汇聚成当代中国文化的主流，统一于中国特色社会主义文化建设中，为当代粤商文化的形成和发展提供了丰富的营养和动力。首先，中华优秀传统文化是当代粤商文化的土壤。作为中华民族的瑰宝，中华优秀传统文化包括了诸多方面的内容，如儒家思想、道家学说、法家理论等。这些文化传统为当代广东商贸行业劳动者提供了独特的价值观和道德准则，使他们在商业活动中始终坚守诚信、守法经营的原则，赢得了社会的尊重和信任。其次，革命文化是当代粤商文化的灵魂。革命文化源于中国共产党领导下的新民主主义革命和社会主义革命，它传承了伟大的革命精神，强调为人民服务、为国家发展贡献力量。当代广东商贸行业劳动者在继承和发扬革命文化的过程中，始终保持着敢于创新、勇于担当的精神风貌，为我国的经济发展和社会进步作出巨大贡献。最后，社会主义先进文化是当代粤商文化的标识。在新时代背景下，社会主义先进文化要求我们坚持以人为本、全面发展的理念，推动文化事业和文化产业繁荣发展。当代广东商贸行业劳动者在追求经济效益的同时，也注重企业文化建设，弘扬社会主义核心价值观，为构建社会主义和谐社会贡献自己的力量。文化强国建设是党对社会主义先进文化探索的一脉相承的延续和升华，是党的文化自信与文化使命担当的彰显，是凝结党带领人民不懈探索精神文明建设的智慧体现。①中国特色社会主义文化的中华优秀传统文化、革命文化和社会主义先进文化共同构成了当代粤商文化的主流。中华优秀传统文化、革命文化和社会主义先进文化在中国特色社会主义文化建设中得到了统一和

---

① 范建华，周丽. 论中国共产党文化强国建设的历史脉络、核心内涵与实现路径 [J]. 云南师范大学学报（哲学社会科学版），2023，55（03）：1-14.

发扬。这为当代广东商贸行业劳动者提供了一个坚实的精神支柱和发展动力，也为我国经济的繁荣和社会的进步注入了强大的活力。中华优秀传统文化、革命文化、社会主义先进文化相互影响、相互作用，构架起当代粤商文化的根基，涵养当代粤商文化的底气。

第四章

当代粤商文化的特征

当代粤商文化深深根植于中国特色社会主义建设的伟大实践。中国共产党领导是中国特色社会主义最本质的特征，是中国特色社会主义制度的最大优势。[①]当代广东商贸行业劳动者在改革开放的实践中始终坚持马克思列宁主义、毛泽东思想、邓小平理论、"三个代表"重要思想、科学发展观，全面贯彻习近平新时代中国特色社会主义思想。当代广东商贸行业劳动者的这种坚持并非空洞的形式，而是通过实际行动和商业实践，将马克思主义基本原理融入企业运营和发展的每一个环节。回望过去40多年，我们通过改革不断解放和发展社会生产力，通过开放参与全球经济大循环，创造了经济快速发展和社会长期稳定两大奇迹。[②]在党领导下，广东商贸行业为我国改革开放取得历史性成就作出了重要贡献。在这个过程中形成的当代粤商文化呈现出三组鲜明的相统一的特征：理论性与实践性相统一、科学性与人民性的统一、时代性与开放性的统一。这些特征是当代粤商文化社会主义性质的表现。

第一节　理论性与实践性的统一

一、当代粤商文化的理论性

当代粤商文化是广东商贸行业劳动者在中国共产党领导下，基于马克思主义基本原理，汲取中华优秀传统文化中历久弥新的思想精髓，在中国特色社会主义建设实践中形成的地方行业特色文化。当代粤商文化是马克思主义基本原理与中华优秀传统文化在当代广东商贸行业的生产经营实践中相结合而形成的成果。中国特色社会主义制度

---

① 陈雨露. 走好中国特色金融发展之路 全面建设社会主义现代化国家 [J]. 红旗文稿，2023（10）：9-12；1.
② 李旭章. 高水平谋划推进全面深化改革开放 [J]. 人民论坛，2023（23）：52-54.

和国家治理体系以马克思主义为指导，扎根中国，彰显了中华优秀传统文化"天下为公""为政以德""任人唯贤""厚德载物"等政治理念，而中华优秀传统文化也成为我们党不断推进制度创新的深厚文化基础。①中国特色社会主义制度为广东商贸行业劳动者提供了广阔的发展空间和良好的发展环境。"中国特色社会主义制度，是当代中国发展进步的根本制度保障，集中体现了中国特色社会主义特点和优势"。②当代粤商文化的形成和发展得益于中国特色社会主义制度的优越性。正是中国特色社会主义制度使得广东商贸行业劳动者充分发挥自己的智慧和创造力，积极投身于国家经济建设，为国家的繁荣富强作出巨大贡献。当代粤商文化既体现了中华民族的优秀传统，又展示了中国特色社会主义的时代风貌，为中国乃至世界的文化交流与互鉴作出了积极贡献。当代粤商文化是中国特色社会主义文化事业的重要组成部分，既是中国特色社会主义文化在广东商贸行业的具体表现，也是中华优秀传统文化的重要载体之一。当代粤商文化的理论基础既包含马克思主义理论，也包含中华优秀传统文化的精华。因此，马克思和恩格斯对于文化相关问题的阐述、中国共产党文化建设的成果、中华优秀传统文化、革命文化、社会主义先进文化等都是当代粤商文化的理论。

马克思、恩格斯以辩证唯物主义和历史唯物主义作为理论工具，通过论述人与自然的关系、文化与经济的关系、上层建筑、意识形态等阐述了文化问题。马克思、恩格斯从实践的角度出发，深入探讨了文化的本质，认为文化并非是孤立存在的，而是人类实践活动的产物。这一观点强调了文化与社会、经济以及政治实践的紧密联系。马克思和恩格斯认为人类的实践活动，包括生产活动、社会交往、政治

---

① 杜国华，杨少涵，罗家旺，等．"两个结合"是开辟和发展中国特色社会主义的必由之路［J］．华侨大学学报（哲学社会科学版），2023（06）：5-19.
② 胡锦涛．胡锦涛文选：第三卷［M］．北京：人民出版社，2016：527.

斗争等，都会对文化的形成和发展产生深远影响。例如，人们在生产活动中创造的物质财富和精神财富会在一定程度上塑造人们的思想观念和生活方式，从而形成特定的文化特征。同样，人们在社会交往中形成的社会关系和规范，也会对文化产生影响。马克思主义经典文本是马克思主义的重要思想载体，但马克思主义思想绝不会被束缚在文本之中，它在人们的理解和解释中不断被唤醒并参与到现实的社会运动之中。①马克思和恩格斯认为，文化是人类实践活动的产物，既是社会发展的结果，也是推动社会发展的重要因素。这一观点为我们理解和研究文化提供了重要的理论视角。

　　马克思、恩格斯将社会结构分为生产力、生产关系（经济基础）、上层建筑三个层面。上层建筑包含社会意识，而文化属于社会意识的范畴。文化的产生是建立在生产力和生产关系基础之上的，是人类生产实践活动的产物。马克思、恩格斯指出："'精神'从一开始就很倒霉，受到物质的'纠缠'。"②"不是意识决定生活，而是生活决定存在"。③文化在经济基础上产生，并对经济基础产生影响。文化的独立性体现在文化与经济基础的不平衡。经济落后并不意味着文化的落后。同样，经济的发达不等同于文化的先进。文化的独立性还体现在对社会存在的反作用。马克思既强调经济基础的决定性作用，又强调上层建筑对经济基础的反作用。文化对于推进经济基础的反作用是有条件的，取决于文化是否符合历史发展的客观规律。马克思认为人们首先必须解决衣食住行这些最基本的生活需要，才能从事其他活动。文化在人类物质生产和生活的基础上发展起来，反过来文化建设

　　① 刘滢，彭启福. 从思想、文本到现实运动：诠释学视域下马克思主义的存在方式[J]. 东岳论丛，2023（12）：73-79；191-192.
　　② 中共中央马克思恩格斯列宁斯大林著作编译局. 马克思恩格斯文集：第一卷[M]. 北京：人民出版社，2009：533.
　　③ 中共中央马克思恩格斯列宁斯大林著作编译局. 马克思恩格斯文集：第一卷[M]. 北京：人民出版社，2009：525.

会直接影响着人类物质生产和生活。

马克思、恩格斯关于文化的相关论述，为研究当代粤商文化的形成提供了深厚的理论基础与方法论。首先，马克思、恩格斯强调了文化的社会实践和历史唯物主义，认为文化是社会历史发展的产物，是人们在特定社会条件下创造的精神财富。这一观点为我们认识当代粤商文化的形成提供了重要的视角。其次，马克思、恩格斯关注文化的经济基础和上层建筑之间的关系，指出经济基础决定上层建筑，上层建筑反作用于经济基础。这一观点有助于我们分析当代粤商文化的内在逻辑和价值取向。通过研究当代粤商文化的发展历程，我们可以发现它在满足市场需求、推动经济发展的同时，也对人们的思想观念、道德伦理等方面产生了深远的影响。最后，马克思、恩格斯关注文化在社会发展中的重要作用，认为文化是社会发展的重要动力之一，可以激发人们的创造力和活力。这一观点为我们研究当代粤商文化对社会发展的贡献提供了重要的理论依据。通过对当代粤商文化的研究和实践，我们可以更好地发挥其在推动社会进步、提高人民生活水平等方面的积极作用。

马克思主义的唯物辩证法为全面深入研究当代粤商文化的形成提供了理论基础。唯物辩证法强调事物的发展是矛盾的统一、变化和发展的过程，揭示了事物的内在规律和动力机制。生产力是经济制度和生产方式的历史条件和物质基础，但阶级斗争、政治斗争、国家权力、意识形态、历史参与者及其历史人物、地缘环境和外部影响、交换方式等历史动力，往往会使基本经济制度及其生产关系与生产力之间的关系复杂而不机械对应。①在唯物辩证法的基础上，我们可以从经济基础与上层建筑相互动态促进发展的视角去把握当代粤商文化的

---

① 李济广. 从恩格斯唯物史观思想看社会形态演变的非决定性［J］. 宁波大学学报（人文科学版），2023，36（05）：1-11.

内涵。首先，我们需要认识到经济基础对上层建筑的决定作用。经济基础是指社会生产力和生产关系的总和，是社会发展的物质基础，决定着上层建筑的性质和发展方向。在当代中国，改革开放以来的经济快速发展为当代粤商文化的形成提供了坚实的物质基础。随着市场经济的逐步完善和对外开放的深入推进，当代粤商文化得以蓬勃发展，成为广东地区乃至全国的重要行业文化现象。其次，我们还需关注上层建筑对经济基础的反作用。上层建筑是指在一定社会经济基础上建立起来的意识形态、法律制度、政治体制等社会规范体系。政治制度等上层建筑对经济基础具有调节和引导作用，能够在一定程度上影响和制约经济的发展方向和速度。在当代粤商文化的形成过程中，上层建筑的作用不可忽视。例如，政府出台的一系列支持民营经济发展的政策和措施，为当代粤商文化的繁荣创造了良好的外部环境；而当代粤商自身的创新精神和敢为人先的勇气，也为经济发展注入了源源不断的动力，进而推动当代粤商文化形成和发展。最后，我们要将当代粤商文化的形成理解为一个不断发展、不断创新的过程。在这个过程中，当代粤商不仅在经济领域取得了显著的成就，还形成了独特的商业文化和价值观念。当代广东商贸行业劳动者注重诚信经营、合作共赢，勇于开拓创新、追求卓越。当代广东商贸行业劳动者在改革开放的实践过程中展现了中国特色社会主义文化的强大生命力。我们必须以唯物辩证法为指导，从经济基础与上层建筑相互动态促进发展的视角去把握当代粤商文化的内涵，将当代粤商文化的形成理解为不断发展、不断创新的实践过程，进而更为深入地理解当代粤商文化的本质特征和价值意义。意识形态与经济社会发展并不完全同步，当意识形态与社会发展方向相符合时，会促进社会进步；反之，则阻碍社会进步①。马克思主义唯物辩证法等理论为研究当代粤商文化的形成提供了深厚的理论基础与方法论。通过运用这些理论观点，我们可以更好地把握粤商文化的内涵和特点，为推动粤商文化的传承与发展提供有力的支持。这要比单纯地从静态角度把当代粤商文化理解为物质和精神的事物更为科学、更为合理。

中华优秀传统文化是当代粤商文化形成发展的重要源泉。中华优秀传统文化内蕴了卓绝灿烂的价值理念和道德观念，塑造出了中华文明极具个性的鲜明特征和极为深厚的历史底蕴，中华优秀传统文化不仅为社会主义核心价值观的培育和践行提供了重要的文化源泉，也构成了整个中华民族的精神命脉。②在中国这片古老的土地上，粤商文化得以传承和发展，离不开中华优秀传统文化的滋养和启迪。马克思主义劳动观的价值和意义必须要在实践中理解，其生命力与解释力在于与中国具体实际相结合，与中华优秀传统文化相结合。③中华优秀传统文化凝聚着中华民族的智慧和创造力，涵盖了伦理道德、哲学思想、文学艺术、科学技术等方方面面。当代广东商贸行业劳动者正是受到了中华优秀传统文化中"知行合一""博学多才"等思想的熏陶，才能在激烈的商业竞争中不断追求卓越，勇于创新。当代广东商贸行业劳动者在商业实践中善于运用传统智慧，如"天时、地利、人和"，把握市场机遇，灵活应对挑战，取得了辉煌的经济建设成就。同时，当代广东商贸行业劳动者也积极吸收外来文化的优秀成果，将其与中华优秀传统文化相互融合，形成了开放、包容的当代粤商文化。

---

①　肖唤元，于洋. 恩格斯晚年对意识形态理论的批判性建构及启示：基于恩格斯晚年五封书信的文本研究［J］. 理论导刊，2022（05）：91-97.
②　胡洪彬. 习近平文化思想的生成逻辑、理论体系与践行路径［J］. 云南民族大学学报（哲学社会科学版），2024，41（01）：23-32.
③　李乾坤. 论马克思主义劳动观的三重维度及其"两个结合"实践指向［J］. 扬州大学学报（人文社会科学版），2023，27（05）：54-65.

在当代社会，中华优秀传统文化仍然是当代粤商文化的重要支柱。中华优秀传统文化不仅是当代粤商文化的根基，更是当代广东商贸行业劳动者行为习惯、理念、精神和价值观的来源。中华民族现代文明是以中华优秀传统文化为根脉并进行创造性转化、创新性发展的中华文明现代新形态，是以马克思主义为魂脉的中国特色社会主义现代文明新形态，是以中国式现代化新道路为现实立足点所创造的人类文明新形态。①当代广东商贸行业劳动者在商业实践中，不仅注重经济利润的追求，更注重道德修养和社会责任的履行。当代广东商贸行业劳动者秉承儒家"仁爱""诚信"等传统美德，以"厚德载物"为生产经营理念，将中华优秀传统文化融入生产经营实践活动。随着全球化的深入发展，当代广东商贸行业劳动者面临着更加激烈的市场竞争和文化冲击。然而，正是凭借着对中华优秀传统文化的坚守和传承，广东商贸行业劳动者能够在商业竞争中保持独特优势，树立起自己的品牌形象和文化符号。中华优秀传统文化为当代广东商贸行业劳动者提供了广阔的文化传承空间和创新动力，使当代广东商贸行业劳动者能够在全球商业舞台上展现出当代粤商文化在中国特色社会主义市场经济中的强大生命力。马克思主义基本原理只有同中华优秀传统文化相结合，才能真正使其具体化、本土化。②只有坚守中华优秀传统文化的精髓，才能使当代粤商文化在现代社会焕发出更加璀璨的光芒。中华优秀传统文化是当代粤商文化不竭的理论之源之一，既是当代粤商文化的根基和精神内核，也是当代粤商文化的智慧源泉和创新动力。

中华优秀传统文化是当代粤商文化的根基与精髓，其中蕴含的思

---

① 庞立生，邱园园. 中华民族现代文明的本质意蕴与建设进路 [J]. 思想理论教育，2024（01）：33-40.
② 郝立新，刘曙光，刘金波，等. "深入学习贯彻习近平文化思想"笔谈（二）[J]. 中南民族大学学报（人文社会科学版），2023，43（12）：1-26.

想观念、人文精神、道德规范等是当代粤商文化的理论根源之一。在漫长的历史长河中，中华优秀传统文化孕育了丰富多样的思想观念，如儒家的仁爱、忠诚、孝道等价值观念，道家的顺应自然、无为而治等哲学思想，佛教的慈悲为怀、舍己为人等教义。这些思想观念贯穿于当代粤商文化的发展过程中，成为其精神底蕴。同时，中华优秀传统文化也融入了丰富的人文精神。当代粤商文化注重人与人之间的情感交流和互助合作，强调家庭和睦、社会和谐的重要性。这种人文精神使得当代粤商文化具有凝聚力和向心力，让当代广东商贸行业劳动者能够团结一心，共同奋斗，实现事业的腾飞。中华优秀传统文化还塑造了当代粤商文化的道德规范。诚实守信、勤俭节约、敬业奉献等道德规范是当代粤商文化的重要理念，也是当代广东商贸行业劳动者在商业活动中的行为准则。理解当代粤商文化的形成就要"深入挖掘中华优秀传统文化蕴含的思想观念、人文精神、道德规范，结合时代要求继承创新，让中华文化展现出永久魅力和时代风采"[①]。仁爱是中华优秀传统文化中最重要的思想观念。孔子将"仁"作为最基本的社会准则，强调"仁者爱人"。孟子提出"仁政"思想，统治者有仁德、施仁政是国泰民安的保障。我国历史上涌现了许多关于"仁"的事例和人物。我国早在商代就有了民本思想，历代贤明统治者将以民为本作为国家根基。"人为万物之灵"（《尚书·泰誓上》）、"天地之间人为贵"（《卫生歌》）。深入挖掘阐发中华优秀传统文化的民本思想，对理解当代粤商文化形成机制具有重要意义。"民为邦本，本固邦宁"（《尚书·五子之歌》）、"民为贵、社稷次之、君为轻"（《孟子·尽心下》）。诚信是中华民族传统美德之一。诚信是做人之本，诚信是立国之基。从古至今，诚信始终是中华民族重要的道德规范。"中华民族在长期实践中培育和形成了独特的思想理念和道德规范，

---

① 习近平. 习近平谈治国理政：第三卷［M］. 北京：外文出版社，2020：33.

有崇仁爱、重民本、守诚信、讲辩证、尚和合、求大同等思想，有自强不息、敬业乐群、扶正扬善、扶危济困、见义勇为、孝老爱亲等传统美德"。①正义强调的是道德评价标准。正义是做人应遵循的最高道义。大同是中华民族向往和追求的理想社会。"深入挖掘和阐发中华优秀传统文化讲仁爱、重民本、守诚信、崇正义、尚和合、求大同的时代价值"。②这些道德规范使得当代粤商文化具有高度的社会责任感和公信力，赢得了社会各界的认可和尊重。中华优秀传统文化为粤商文化提供了坚实的思想基础和丰富的人文内涵，使其在当代社会中焕发出独特的魅力和活力。当代粤商文化是广东商贸行业劳动者在改革开放实践中把马克思主义基本原理与中华优秀传统文化相结合而形成的成果，即广东商贸行业劳动者在改革开放实践中实现了"第二个结合"。"第二个结合"的可能性在于马克思主义与中华传统文化既存在视域基础的融合性，也具备内容的契合性，其实质是运用马克思主义基本原理辨别中华传统文化中的优秀成分，在更高层次推动中国化马克思主义发展的过程。③中华优秀传统文化是中华民族的瑰宝，也是粤商文化的重要基石。因此，当代粤商文化应该继承和弘扬中华优秀传统文化，才能更好地继续在中国特色社会主义文化的发展中发挥积极作用。

中国特色社会主义文化理论是中国共产党领导中国人民在长期实践中逐步探索出来的，是中国特色社会主义理论的组成部分。中国特色社会主义文化理论是在中国共产党的领导下，以马克思主义为指导，以中国实际情况为基础，对社会主义文化建设规律进行科学探索和实践总结而形成的理论成果。1982年邓小平在党的十二大提出

---

① 习近平. 在文艺工作座谈会上的讲话 [N]. 人民日报，2015-10-15（002）.
② 习近平. 把培育和弘扬社会主义核心价值观作为凝魂聚气强基固本的基础工程 [N]. 人民日报，2014-02-26（001）.
③ 刘同舫. "第二个结合"与文化主体性的巩固 [J]. 思想理论教育，2024（01）：4-10.

"有中国特色的社会主义"的概念。党的十四大决议也明确肯定了"我国经济体制改革的目标是建立社会主义市场经济体制"。[①]2002年11月党的十六大提出了"中国特色社会主义"。这彰显了党和人民在伟大的社会主义建设事业中取得的成就。在社会主义科学发展观、核心价值体系和社会主义核心价值观、思想道德建设、和谐社会建设等一系列理论和实践探索的基础上，尤其是党的十八大以来，习近平总书记从马克思主义的基本立场、观点、方法出发，针对中国特色社会主义建设事业发展，创造性地形成了习近平新时代中国特色社会主义思想。中国共产党坚持马克思主义科学理论指导，在改革开放的伟大实践中强调加强精神文明建设、中国特色社会主义文化建设。习近平文化思想揭示了新的文化使命，以其丰富内容构成习近平新时代中国特色社会主义思想的文化篇。[②]在中国特色社会主义文化理论的指导下，当代粤商文化逐渐形成并蓬勃发展。从人类社会发展规律的视角来看，中国特色社会主义具有"三个按照"的实践特征：按照人民需要发展社会生产和各项事业，按照生产力发展要求调整和完善生产关系，按照经济基础发展要求调整和完善上层建筑。[③]中国特色社会主义文化理论坚持以人民为中心的发展思想，坚持社会主义核心价值观，推动社会主义文化大发展大繁荣，建设社会主义精神文明，提高全民族文化素质和科学素质。这一过程是在中国特色社会主义改革开放的大背景下进行的，体现了中国特色社会主义文化理论的实践应用和价值体现。在这个理论指导下，当代粤商文化得以发展和繁荣。

① 王成福，高广温. 改革开放20年重大决策述要［M］. 北京：中国经济出版社，1998：34.
② 齐卫平. 习近平文化思想的指导意义：理论含量与实践遵循［J］. 思想理论教育，2024（01）：11-17.
③ 危旭芳. 当代马克思主义的重大创新探索：《人类社会发展规律研究》评介［J］. 上海经济研究，2022（05）：2；129.

二、当代粤商文化的实践性

改革开放之初，我国确立了"以经济建设为中心"的基本路线，进而明确了"社会主义市场经济"发展模式，使社会生产力得到了极大的解放和发展。沿着这一经济发展道路一路走来，时至今日，我国经济总量突破百万亿元，稳居世界第二，正经历着从"富起来"到"强起来"的转变。中国特色社会主义市场经济理论是中国特色社会主义理论的重要组成部分，是在中国共产党领导全国人民改革开放的实践过程中逐渐形成的理论创新。在以社会主义制度为根基底色、以市场经济体制为主体内容的基础上，创造出的社会主义市场经济体制，有力激活了社会生产力，成为中国特色社会主义制度对资本主义制度文明批判性吸收、创造性转化的生动体现。[①]中国特色社会主义市场经济强调市场在资源配置中的决定性作用，是坚持公有制为主体、多种所有制经济共同发展的基本经济制度。中国特色社会主义市场经济理论的形成是中华民族历史长河中的伟大实践。正人君子品格的塑造、天下为公的思想培育、普通民众的利他情怀以及各级政府官员的人民公仆意识，更是中国特色社会主义市场经济实现市场效率和确保其社会主义方向的根本所在。[②]在中国共产党的领导下，中国人民经历了艰苦卓绝的斗争和不懈努力，不断总结经验教训，逐步形成了一套适应中国国情、符合时代要求的经济发展理论。中国特色社会主义市场经济理论的核心是以人民为中心的发展思想，强调坚持和完善社会主义市场经济体制，推动经济发展与人民群众的根本利益相统一。中国特色社会主义基本经济制度符合现阶段的中国国情，实现了

---

① 马福运，张晗. 论中国特色社会主义制度生成与发展的逻辑理路 [J]. 社会主义研究，2023（06）：55-61.
② 林民书. 中国特色社会主义市场经济中理性人问题研究 [J]. 东南学术，2024（01）：1-10.

所有制结构、分配方式和经济体制等多方面的有机统一，既能促进社会经济的不断发展，又能把社会财富规模做大分好以保障人民共享发展成果。①中国经济在过去几十年中取得了举世瞩目的成就，成为世界第二大经济体。这充分证明了中国特色社会主义市场经济理论的正确性和可行性。中国共产党百年经济思想史就是马克思主义经济理论同中国具体实际相结合的历史，是马克思主义经济思想中国化的历史。②"强起来"后的中国绝不会"霸起来"，中华民族一定会继续践履中国特色的弘美道路，通过"人类命运共同体"的构建，为天下谋大同。③中国特色社会主义市场经济理论也为其他发展中国家提供了借鉴和参考，为构建人类命运共同体作出了积极贡献。

在改革开放的过程中，广东经济建设取得巨大成就，地区生产总值连续多年位列全国各省份之首。当代广东商贸行业劳动者作为中国特色社会主义市场经济的重要参与者，以其独特的商业智慧和创新精神，为我国经济的快速发展作出了积极贡献。当代广东商贸行业劳动者在经营活动中，既注重经济效益，又坚持社会效益，践行和弘扬社会主义核心价值观。正是在中国共产党领导的伟大中国特色社会主义建设实践中，当代粤商文化逐渐形成。当代粤商文化注重务实创新、勇于拼搏的精神，以及对市场规律的敏锐洞察力，为广东商贸行业劳动者在市场竞争中保持强大竞争力发挥了积极作用。当代粤商文化在广东商贸行业劳动者的生产经营实践中推动中华优秀传统文化创造性转化、创新性发展。当代粤商文化既包括传统的诚信经营、以人为本的商业理念，也包括现代的服务创新、绿色环保等理念。这些都符合

---

① 姜长青. 促进共同富裕的中国社会主义基本经济制度研究 [J]. 理论学刊，2023（04）：5-12.
② 杨瑞龙. 从站起来、富起来到强起来的经济思想史：评《中国共产党百年经济思想史论》[J]. 经济理论与经济管理，2022，42（05）：112.
③ 周红路. 从"强起来"到"美起来"：中国式现代化新道路的美学审思 [J]. 理论探讨，2021（06）：39-46.

社会主义核心价值观的内涵。新时代传承革命文化和发展先进文化对于推进社会主义核心价值观教育、对于提高全民族思想道德水平、对于端正市场经济价值取向的重要性。①当代粤商文化既是中国特色社会主义文化理论在广东商贸行业的实践应用，也是中国特色社会主义市场经济理论在广东商贸商业的实践应用，还是马克思主义基本原理与中华优秀传统文化在广东商贸行业的有机结合。当代粤商文化引导广东商贸行业劳动者积极承担社会责任、参与公益事业、回馈社会，树立了良好的企业形象。中国共产党的领导为中国社会经济的发展提供了科学指导，推动了中国特色社会主义文化理论和中国特色社会主义市场经济理论的不断完善和发展。中国特色社会主义文化理论和中国特色社会主义市场经济理论都是中国特色社会主义理论的组成部分，都是中国共产党始终坚持以马克思主义为指导、紧密结合中国实际、并经过实践检验的理论创新。在中国特色社会主义理论的指导下，当代广东商贸行业劳动者在改革开放和中国特色社会主义市场经济建设的实践中形成了当代粤商文化。

我国改革开放总设计师邓小平在会见日本新自由俱乐部访华团时的谈话中指出："社会主义制度的优越性表现在它的文化、科学技术水平应该比资本主义发展得更快、更先进，这才称得起社会主义，称得起先进的社会制度。"②物质文明建设与精神文明建设之间相互影响、相互作用。如果一味地强调物质文明建设，追求经济的发展，忽略精神文明建设，就会导致两个文明建设遭受破坏。邓小平指出："不加强精神文明的建设，物质文明的建设也要受破坏，走弯路。"③随着改革开放的不断深入，出现了精神领域道德滑坡、理想信念丧失

---

① 方世南. 习近平文化思想的唯物史观意蕴 [J]. 南京工业大学学报（社会科学版），2023，22（06）：1-11；109.
② 冷溶，汪作玲. 邓小平年谱 1975—1997：上 [M]. 北京：中央文献出版社，2004：200.
③ 邓小平. 邓小平文选：第三卷 [M]. 北京：人民出版社，1994：144.

等问题。邓小平指出："精神文明建设是实现四个现代化的重要保证。……没有理想、没有艰苦奋斗的精神不行，精神面貌可以直接影响物质。"①邓小平反复强调坚持走中国道路、体现中国特色。在继承以往文化建设思想基础上，江泽民提出"中国特色社会主义文化"的科学概念。"在当代中国，发展先进文化，就是发展有中国特色社会主义的文化，就是建设社会主义精神文明。"②党的十五大报告进一步指出有中国特色社会主义的文化同社会主义精神文明是一致的。"建设有中国特色社会主义的文化，就是以马克思主义为指导，以培育有理想、有道德、有文化、有纪律的公民为目标，发展面向现代化、面向世界、面向未来的，民族的科学的大众的社会主义文化。"③以胡锦涛为主要代表的中国共产党人坚持以科学发展观为指导，建设社会主义和谐文化。社会主义核心价值引领中国特色社会主义的发展方向，凝聚文化建设的伟大力量。"我们必须以高度的文化自觉和文化自信，着眼于提高民族素质和塑造高尚人格，以更大力度推进文化改革发展，在中国特色社会主义伟大实践中进行文化创造，让人民共享文化发展成果。"④

党的十八大以来，以习近平同志为核心的党中央谋划中国特色社会主义文化的建设与发展，围绕文化进行深刻阐述，为新时代中国特色社会主义文化建设指明方面。习近平总书记指出："中华民族伟大复兴需要以中华文化发展繁荣为条件。"⑤强调五千年文明孕育了

① 冷溶，汪作玲. 邓小平年谱 1975-1997：下 [M]. 北京：中央文献出版社，2004：838.
② 江泽民. 论"三个代表"[M]. 北京：人民出版社，2001：158.
③ 江泽民. 高举邓小平理论伟大旗帜，把建设有中国特色社会主义事业全面推向二十一世纪：在中国共产党第十五次全国代表大会上的报告 [M]. 北京：人民出版社，1997：21.
④ 胡锦涛. 胡锦涛文选：第三卷 [M]. 北京：人民出版社，2016：539.
⑤ 中共中央文献研究室. 习近平关于社会主义文化建设论述摘编 [M]. 北京：中央文献出版社，2017：3-4.

"历久弥新的优秀文化"。①习近平总书记关于中华文化的系列论述，为文化强国建设、民族复兴、文明传承提供了不竭的精神动力，为当代粤商文化的形成，做了重要的理论指导。"讲好中国故事，展现真实、立体、全面的中国，提高国家文化软实力。"②党的十九大报告对坚定文化自信作出战略部署，从意识形态工作、社会主义核心价值观、思想道德建设、社会主义文艺发展、文化事业和文化产业发展五个方面进行阐述。党的二十大报告指出："全面建设社会主义现代化国家，必须坚持中国特色社会主义文化发展道路，增强文化自信，围绕举旗帜、聚民心、育新人、兴文化、展形象建设社会主义文化强国，发展面向现代化、面向世界、面向未来的，民族的科学的大众的社会主义文化，激发全民族文化创新创造活力，增强实现中华民族伟大复兴的精神力量。"③中国共产党带领中国人民进行了社会主义建设和改革开放的伟大实践，形成了社会主义先进文化。当代粤商文化正是在我国社会主义建设和改革开放的伟大实践中形成的。

三、当代粤商文化理论性与实践性的统一

当代粤商文化的传播和弘扬离不开中国改革开放的伟大实践。党和政府高度重视各地方经济发展，通过各种政策和措施，支持经济建设经验的总结和传播。"晋江经验"体现了鲜明的人民性、方向性、科学性、实践性、创新性，其核心内涵就是发展，特别是大力发展县域经济、大力发展民营经济、大力发展实体经济，依靠发展实现共同富裕。④改革开放为当代粤商提供了一个展示自己才华的平台，也让

---

① 中共中央文献研究室. 十八大以来重要文献选编：上 [M]. 北京：中央文献出版社，2014：70.
② 习近平. 习近平谈治国理政：第三卷 [M]. 北京：外文出版社，2020：35.
③ 习近平. 高举中国特色社会主义伟大旗帜 为全面建设社会主义现代化国家而团结奋斗 [N]. 人民日报，2022-10-26（001）.
④ 张占斌. 构建社会主义市场经济进程中的"晋江经验" [J]. 行政管理改革，2022（10）：4-12.

更多的人了解和认识当代粤商文化。当代广东商贸行业劳动者在继承和发扬中华优秀传统文化的基础上，不断创新发展，形成了具有鲜明地域特色和时代特征的当代粤商文化。当代粤商文化凝聚了广东地区商业精英的智慧和努力，是我国改革开放经济发展的缩影和象征。在改革开放的大背景下，广东作为中国经济的重要引擎，成为了改革的先行者和探索者。广东商贸行业劳动者敢于冒险、勇于创新，他们敏锐地捕捉到市场机遇，灵活应对挑战，不断拓展商业领域。正是这种敢为人先的精神，让广东商贸行业劳动者在市场竞争中脱颖而出，成为中国经济发展的中坚力量。当代粤商文化不仅体现在商业领域的成功上，还表现在对社会的责任担当和公益事业的支持上。许多广东商贸行业劳动者积极参与社会公益慈善事业，回馈社会，传递正能量。这些优秀的广东商贸行业劳动者关注教育、扶贫、环保等社会问题，用实际行动践行企业社会责任，为社会发展贡献自己的力量。当代粤商文化也强调家庭价值观的重要性。在快节奏的商业环境中，广东商贸行业劳动者注重家庭和谐与亲情关怀，倡导平衡工作与生活的理念。广东商贸行业劳动者鼓励子女勤奋学习、培养独立思考能力，同时也注重传承家族企业文化和家风家训，让当代粤商文化代代相传。真理标准的大讨论与改革开放的肇始、社会主义初级阶段理论的确立与改革开放的勃兴、社会主义市场经济理论的创立与改革开放的全方位推进、社会主要矛盾转化的新论断与改革开放的新时代，每一重大思想理论成果都引导中国改革开放实践的大跨越。①当代粤商文化是在中国改革开放的伟大实践中孕育而生的，既体现了广东地区商业精英的拼搏进取精神，又彰显了当代粤商对社会责任的关注和对家庭价值的重视。这种独特的文化氛围不仅为广东地区的经济发展注入了强

---

① 张芳娟，吴宁. 百年党史视阈下中国改革开放的实践理路与伟大成就 [J]. 武汉理工大学学报（社会科学版），2023，36（03）：21-29.

大动力，也为全国乃至全球的商业界树立了榜样。

马克思主义是科学的社会主义理论，为当代粤商文化提供了坚实的理论基础。马克思主义揭示了社会发展的规律，指导着当代广东商贸行业劳动者在追求经济利益的同时，也关注社会效益，坚持以人为本，实现全体人民共同富裕。"毛泽东思想是马克思列宁主义在中国的创造性运用和发展，是被实践证明了的关于中国革命和建设的正确的理论原则和经验总结，是马克思主义中国化的第一次历史性飞跃"。①习近平新时代中国特色社会主义思想是中国共产党在新的历史条件下对马克思主义中国化的最新成果，是党和人民实践经验和理论创新的结晶。它明确了中国特色社会主义的本质特征、基本原则和基本问题的解决路径，为中国特色社会主义伟大事业提供了科学指导，是我们党领导人民进行伟大社会革命、推进伟大自我革命的行动指南，是我们党和人民实现中华民族伟大复兴的强大精神力量。"党坚持以社会主义核心价值观引领文化建设"。②社会主义核心价值观，是中国特色社会主义道路、理论、制度和文化的精神支柱和道德基础，包括国家层面的富强、民主、文明、和谐，社会层面的自由、平等、公正、法治，以及个人层面的爱国、敬业、诚信、友善等12个方面的内容。这些价值观是我们党和人民在长期社会实践中形成的，是我国社会主义精神文明的重要标志。在中国，当代广东商贸行业劳动者作为一支重要的商业力量，积极践行社会主义核心价值观，为推动经济发展、促进社会进步作出了积极贡献。

习近平新时代中国特色社会主义思想的指导地位在当代粤商文化中得到了充分体现。中国共产党带领中国人民开辟了中国特色社会主

---

① 十九届中央委员会. 中共中央关于党的百年奋斗重大成就和历史经验的决议 [N]. 人民日报，2021-11-17（001）.
② 十九届中央委员会. 中共中央关于党的百年奋斗重大成就和历史经验的决议 [N]. 人民日报，2021-11-17（001）.

义道路即中国式现代化新道路。这条道路是科学社会主义基本原理和中国特色社会主义建设实际的科学结合，既坚持以经济建设为中心，又全面推进物质文明、政治文明、精神文明、社会文明和生态文明，力求将我国建设成为富强民主文明和谐美丽的社会主义现代化强国。①当代粤商文化的蓬勃发展离不开习近平新时代中国特色社会主义思想的引领和指导。习近平新时代中国特色社会主义思想为当代广东商贸行业劳动者提供了明确的方向和目标，激励着他们不断追求卓越、勇攀高峰。当代粤商秉持着诚信经营、合作共赢的原则，将习近平新时代中国特色社会主义思想融入企业经营管理，坚持以人为本、科技创新，不断推动企业的可持续发展。中国特色社会主义文化发展道路是在改革开放和现代化建设过程中探索形成的。②当代广东商贸行业劳动者也积极参与公益事业，回馈社会，履行企业社会责任，体现了中国特色社会主义文化的人文关怀和社会担当。在习近平新时代中国特色社会主义思想的指引下，当代粤商文化焕发出勃勃生机，成为广东商贸行业劳动者创新驱动力。在未来的发展中，当代粤商将继续坚守习近平新时代中国特色社会主义思想，为实现中华民族伟大复兴的中国梦贡献力量。

当代粤商文化是"两个结合"在广东商贸行业的具体表现。"两个结合"的科学论断深刻揭示了马克思主义与中华优秀传统文化交互契合、融通创新的内在联系，筑牢了中国特色社会主义发展道路的文化根基。③当代粤商文化是广东商贸行业劳动者在我国社会主义建设事业的实践中形成。当代粤商文化的行动指南和精神支柱是马克思列

---

① 张云飞. 中国式现代化中蕴含的独特生态观的内涵和贡献 [J]. 东南学术，2024 (01)：1-9.
② 汪亭友，李敏. 习近平文化思想的科学内涵、价值意蕴与原创性贡献 [J]. 新疆师范大学学报（哲学社会科学版），2024，45 (4)：45-53.
③ 崔延强，张子扬. 习近平文化思想的哲学阐释 [J]. 西南大学学报（社会科学版），2024，50 (01)：14-25.

宁主义、毛泽东思想、邓小平理论、"三个代表"重要思想、科学发展观、习近平新时代中国特色社会主义思想。这些理论凝聚着中国共产党"两个结合"的智慧和实践经验。在习近平新时代中国特色社会主义思想的引领下，当代粤商文化将继续蓬勃发展，推动广东商贸行业劳动者积极投身中国特色社会主义建设，为我国经济社会发展注入强大动力。

第二节　科学性与人民性的统一

一、当代粤商文化的科学性

当代粤商文化的形成、发展过程不是一蹴而就的，经历了由最初不成熟到较为成熟过程。这个过程与我国改革开放的进程一致。作为中国改革开放的先行区，深圳从一个落后渔村到现代化国际大都市的转变，充分彰显了具有中国特色的社会主义市场经济强大的生命力。[①]在中国特色社会主义市场经济建设过程中，当代粤商文化逐渐形成了独特的风格和特点，成为了我国改革开放的一道亮丽的风景线。改革的基本内涵，就是遵循体制转型的客观规律，从传统的社会主义计划经济向社会主义市场经济转变。[②]在改革开放的最初阶段，当代粤商文化还处于相对稚嫩的状态。当时，中国特色社会主义市场经济体制尚未完全建立，广东商贸行业生产经营实践经验积累不足，当代粤商文化还没有形成完整的体系和框架。然而，正是在这个时期，一些有远见的当代广东商贸行业劳动者不断尝试和实践，不仅推

---

① 王伟华，席伟健. 改革先行示范区推动高质量发展的学理透视 [J]. 天津大学学报（社会科学版），2023，25（05）：416-420.
② 关海庭. 人、体制、环境之间合力的形成：中国改革开放成功启动的政治经济分析 [J]. 经济社会体制比较，2023（06）：10-19.

动经济发展，而且逐渐积累了一定的商业文化经验和智慧，为当代粤商文化的发展奠定了基础。广东商贸行业劳动者认识到，商业文化不仅是一种商业行为的表现，还是一种社会文化的体现。商业文化在商业活动中起着重要的作用，可以影响企业的品牌形象、员工的工作态度和消费者的购买决策。随着全球化的进程加速，商业竞争愈发激烈，传统的商业模式已经无法满足现代企业的需求。因此，当代广东商贸行业劳动者开始思考如何通过创新来推动发展，意识到只有不断探索新的技术发展、商业模式和营销策略，才能在激烈的市场竞争中立于不败之地。如果要解决增长动力不适应的问题，就要把改革作为实现高质量发展的关键一招，把开放作为实现高质量发展的活力之源，把创新作为实现高质量发展的第一动力。[①]为了实现创新与发展，当代广东商贸行业劳动者开始注重企业文化的建设。当代广东商贸行业劳动者塑造积极向上的企业文化，可以激发员工的工作热情和创造力，提高企业的凝聚力和竞争力。同时，一些当代广东商贸行业劳动者也开始重视品牌建设。这些当代广东商贸行业劳动者逐步认识到，品牌是企业的重要资产之一，是企业在市场中树立形象和赢得消费者信任的关键因素，通过打造独特的品牌形象和价值观，企业可以在市场中脱颖而出，吸引更多的消费者选择自己的产品或服务。除了企业文化和品牌建设，当代广东商贸行业劳动者还开始关注社会责任和可持续发展。当代广东商贸行业劳动者积极参与公益事业和社会活动，树立良好的企业形象，增强消费者对企业的信任感和认同感。当代粤商文化的现代性不仅表现为有利于当代广东商贸行业劳动者生产经营活动，还可以从中华优秀传统文化中寻找其根源。现代性既张扬于现代社会里，也蕴涵于传统社会中，可以在现代社会发挥正面作

---

① 周晓辉.“百县千镇万村高质量发展工程”专题（1）：改革开放以来广东县域经济发展历程、经验模式和现实启示［J］.广东经济，2023（11）：10-14.

用。①当代广东商贸行业劳动者通过注重建设企业文化、打造品牌以及履行社会责任，为企业的可持续发展奠定了坚实的基础。当代广东商贸行业劳动者在文化领域的成功经验也为我国其他地区和行业文化发展提供了宝贵的借鉴和启示，对我国社会主义文化建设的进步与发展产生了积极作用。

随着全球化进程的加快，各国之间的交流与合作日益密切。习近平总书记在党的二十大报告中指出，高质量发展是全面建设社会主义现代化国家的首要任务，必须完整、准确、全面贯彻新发展理念，坚持高水平对外开放。②当代广东商贸行业劳动者注重与外界的交流与合作，积极参与国内外的经济活动。在全球化的商业环境中，当代广东商贸行业劳动者展现出了开放和进取的精神，更好地把握商业的脉搏，了解市场的动态。当代粤商积极参与国内外的商业活动，无论是参加各种商业论坛、研讨会，还是直接参与各类商业项目，都赢得了业界的广泛认可。当代广东商贸行业劳动者通过与不同地区、不同行业的商业人士的交流，学习和借鉴了更多的商业文化模式和发展思路，从而使自己的商业视野更加开阔。同时，当代广东商贸行业劳动者也通过与各地的商业伙伴的合作，实现了资源共享，提高了自身的竞争力。通过这些积极的交流与合作，当代广东商贸行业劳动者不仅拓宽了商业文化视野，也提升了商业文化发展格局。

在这个过程中，当代广东商贸行业劳动者不断研发新技术、探索新商业模式和经营理念，逐渐走向世界舞台。当代粤商文化的成功经验，无疑为其他地区的商业文化发展提供了重要的参考。在我国经济快速发展的带动下，广东与世界各地区之间的交流合作日益频繁，当

---

① 李宗桂. 岭南文化的现代性阐扬：以广东为例 [J]. 学术研究，2022（06）：36-47.
② 白鹤祥. 推动广东金融改革开放与高质量发展 [J]. 中国金融，2022（21）：22-24.

代粤商文化也在不断融合与碰撞中发展壮大。当代粤商文化的传播和推广也为其他地区的商业文化发展带来了更多的经验。在广东商贸行业发展过程中，当代粤商文化逐渐趋于成熟。当代粤商文化不仅为广东地区的经济发展注入了新的活力，也为其他地区的商业文化发展提供了宝贵的借鉴和经验。

当代粤商文化是在马克思列宁主义、毛泽东思想、邓小平理论、"三个代表"重要思想、科学发展观、习近平新时代中国特色社会主义思想的科学指引下形成的，是中国特色社会主义文化在广东商贸行业的具体表现。当代粤商文化的酝酿和发展完善过程是一个漫长而曲折的历程。从最初的不成熟到较为成熟，当代广东商贸行业劳动者经历了无数的挫折和努力，不断探索和实践，最终形成了独具广东商贸行业特色的文化。广东商贸行业存在大量非公有制经济。改革开放以来，广东非公有制经济代表人士统战工作成效显著，促进了非公有制经济和非公有制经济代表人士的健康成长，促进了广东经济社会的发展。①这种广泛的文化的积淀和发展不仅推动了广东地区经济的繁荣，也为其他地区行业文化发展树立了榜样，展示了当代广东商贸行业劳动者的聪明才智和商业智慧，展现出了中国特色社会主义的强大活力。

二、当代粤商文化的人民性

人民性是当代粤商文化的基本特征。当代粤商文化是广东商贸行业劳动者在改革开放的实践中形成的。实践充分证明，改革开放是坚持和发展中国特色社会主义、实现中华民族伟大复兴的必由之路；改革发展必须坚持以人民为中心，把人民对美好生活的向往作为奋斗目

---

① 莫岳云，肖莉. 论广东在中国统一战线中的历史地位：纪念中国共产党诞辰100周年 [J]. 学术研究，2021（06）：9-17；2.

标，依靠人民创造历史伟业。①当代粤商文化主体主要有四个方面：国家、民族、群体和个体。从文化主体来看，当代粤商文化具有鲜明的人民性。

从国家主体来看，我国是人民民主专政的社会主义国家，国家的一切权力属于人民，国家的一切文化建设都是为了人民；一切文化建设都依靠人民；一切文化建设的成果最终属于人民。由此，一切当代粤商文化的建设都是为了人民；一切当代粤商文化的建设必须依靠人民；一切当代粤商文化的建设的成果最终属于人民。当代粤商文化形成与发展都是以服务人民为首要目标的。习近平总书记在党的二十大报告中深刻指出："人民性是马克思主义的本质属性，党的理论是来自人民、为了人民、造福人民的理论，人民的创造性实践是理论创新的不竭源泉。"②广东商贸行业劳动者无论是在商业活动的设计、实施，还是在企业文化的建设中，都充满了对人民的尊重和关怀。这种以人为本的理念，不仅体现在商业活动的各个环节，也体现在当代粤商文化中。一切当代粤商文化的建设都必须依赖于人民的力量。这是因为，当代粤商文化的发展离不开广大人民群众的支持和参与。只有当人民积极参与到当代粤商文化的建设中，才能使当代粤商文化得到真正的发展和繁荣。同时，人民的需求和期待也是当代粤商文化发展的重要导向，只有紧紧依靠人民，才能确保当代粤商文化的建设始终走在正确的道路上。当代粤商文化的价值实现和价值提升，最终都是由广大人民群众来享受和体验的。无论是商业的成功，还是文化的繁荣，都离不开人民的参与和支持。因此，当代粤商文化的建设成果，最终将回馈给人民，为人民创造更多的福祉和幸福。

---

① 吴福象. 深圳和上海外向型经济模式比较及借鉴 [J]. 人民论坛，2021（27）：72-75.
② 习近平. 高举中国特色社会主义伟大旗帜为全面建设社会主义现代化国家而团结奋斗 [N]. 人民日报，2022-10-26（001）.

从民族主体来看，中华民族是由众多民族组成。"党中央强调，中华优秀传统文化是中华民族的突出优势，是我们在世界文化激荡中站稳脚跟的根基，必须结合新的时代条件传承和弘扬好。"[①]当代粤商文化是广东商贸行业劳动者进行中华优秀传统文化"双创"的主阵地，这对广东商贸行业传承和发展中华优秀传统文化具有重要意义。粤商文化源远流长，具有深厚的历史底蕴和独特的地域特色。自古以来，广州市就是中国南方经济、文化中心之一，孕育了丰富的商业传统和商业精神。历代粤商文化强调诚信、务实、仁爱、创新和合作等中华优秀传统文化。这些中华优秀传统文化价值观念在当代社会仍然具有重要的现实意义。当代粤商文化是广东商贸行业劳动者把中华优秀传统文化与现代社会人们生产、经营和生活相结合，推动中华优秀传统文化在广东商贸行业的创造性转化和创新发展。因此，当代粤商文化要加强对中华优秀传统文化的研究和传承，特别要注重从广东商贸行业生产经营发展的需要出发挖掘中华优秀传统文化历史内涵和时代价值，让更多的社会公众了解和认同中华优秀传统文化的当代价值。

在新时代背景下，广东省积极打造的国家创新驱动发展战略的重要支撑区和高质量发展的重要增长极，离不开当代广东商贸行业劳动者的积极参与和贡献。通过建设当代粤商文化来弘扬和发展中华优秀传统文化，可以激发当代广东商贸行业劳动者的活力和创造力，为建设富强民主文明和谐美丽的社会主义现代化强国和中华民族伟大复兴作出更大的贡献。中华优秀传统文化与广东商贸行业劳动者的生产经营活动和广大客户的实际生活相结合，成为人民日常生活和商业活动中的一部分。"中国特色"从根本上来讲来源于中华文化，只有将马

---

① 十九届中央委员会. 中共中央关于党的百年奋斗重大成就和历史经验的决议[N]. 人民日报, 2021-11-17 (001).

克思主义涵养于中华优秀传统文化之中，才能真正展现出中国风格、彰显出中国气派、体现出中国特色。①广东商贸行业劳动者只有在创新和发展中华优秀传统文化的过程中，才能真正发挥当代粤商文化在经济社会发展中的文化活力和创造力。

人民性是当代粤商文化的根本属性。这一属性不仅贯穿于广东商贸行业的经营活动之中，更是他们的精神支柱和价值取向。推进和拓展中国式现代化必须依靠人民的劳动创造，必须发挥人民的伟大精神，必须汇聚全体人民的磅礴力量。②人民性是当代粤商文化的根基。当代粤商文化的主体——当代广东商贸行业劳动者的经营活动始终以服务人民为宗旨，以满足人民的需求为己任。当代广东商贸行业劳动者深入人民群众，了解人民的生活需求，以此为出发点，开展各类商业活动。当代广东商贸行业劳动者在生产经营活动中始终坚持以人为本，以消费者为中心，以满足消费者需求为己任。当代广东商贸行业劳动者以人民为中心的经营理念，体现了当代粤商文化的人民性特征。这种以人为本的经营理念，使得当代广东商贸行业劳动者在市场竞争中始终保持领先地位。当代粤商文化要求当代广东商贸行业劳动者尊重市场规律，遵守商业道德，坚持诚信经营。这种强烈的社会责任感使得当代广东商贸行业劳动者在社会公众中赢得了良好的口碑。广东商贸行业劳动者在生产经营中的社会责任感是对人民的尊重。人民性是当代粤商文化的根基，是当代广东商贸行业劳动者能够在激烈的市场竞争中立于不败之地的重要原因。当代广东商贸行业劳动者在经营活动中，始终坚持诚信为本，以人为本的原则，尊重每一位消费者，尊重每一份劳动成果。这种尊重人民的态度，充分反映了

---

① 杨颖. 开辟马克思主义中国化时代化新境界的科学依据、价值要义与实践进路 [J]. 河南师范大学学报（哲学社会科学版），2024（01）：8-14.
② 陈金彪. 习近平关于中国式现代化论述的人民性分析 [J]. 扬州大学学报（人文社会科学版），2023，27（06）：1-12.

当代粤商文化的根本属性是人民性。当代粤商文化作为中华优秀传统文化在广东商贸行业的具体表现，深深植根于人民群众之中，强调以人民为中心，关注民生福祉，追求共赢共享。

当代粤商文化要求广东商贸行业劳动者在生产经营过程中始终保持着对人民更美好需求的尊重和关怀。人民性终究要落到人民利益的实现上。①当代广东商贸行业劳动者深知只有真正站在人民的立场上，才能理解人民的需求和期望，才能为人民提供更好的产品和服务。当代广东商贸行业劳动者在经营过程中注重与消费者、员工、商业伙伴和社会工作的沟通和互动，不断改进和完善自己的生产经营。同时，当代粤商文化也强调社会责任和公益事业。当代广东商贸行业劳动者积极参与各种公益活动，回馈社会，关爱弱势群体。无论是捐款助学、支持扶贫项目，还是参与环境保护和社区建设，当代广东商贸行业劳动者都积极行动起来，用实际行动践行着人民性的理念。这种尊重人民的态度体现在当代广东商贸行业劳动者的经营理念中，贯穿于他们的日常生产经营和生活行为中。正是因为有了这种人民性的精神内核，当代粤商文化才能不断发展和壮大，成为中国特色社会主义文化在广东商贸行业的具体表现之一。

人民性是当代粤商文化的生命力。在市场经济的大潮中，当代广东商贸行业劳动者能够立足并发展壮大，离不开他们对人民的深深热爱和对人民的真诚服务。人民性，作为当代粤商文化的核心要素，是当代粤商文化推动广东商贸行业发展的动力源泉。习近平总书记强调："坚持人民性，就是要把实现好、维护好、发展好最广大人民根本利益作为出发点和落脚点，坚持以民为本、以人为本。"②在新时

---

① 张等文，解秀丽. 党的领导：发展全过程人民民主的基本经验与根本政治保证 [J]. 理论月刊，2023（12）: 55-65.
② 习近平. 胸怀大局把握大势着眼大事 努力把宣传思想工作做得更好 [N]. 人民日报，2013-08-21（001）.

代，当代粤商文化的人民性成为了推动广东商贸行业发展的重要动力。这种推动力正是当代粤商文化人民性的体现。人民性使得当代粤商文化与广大人民群众紧密相连。在商业活动中，当代广东商贸行业劳动者始终把人民群众的利益放在首位，努力为社会创造更多的就业机会、提供更好的产品和服务，从而赢得了广大人民群众的信任和支持。人民性使得当代粤商文化具有强大的凝聚力和向心力。当代粤商文化的人民性引导当代广东商贸行业劳动者在面对困难和挑战时能够团结一心、共克时艰，不断发展壮大自己的事业。人民性使得当代粤商文化具有持续的创新力和发展潜力。人民性是当代粤商文化的生命力所在。只有坚持以人民为中心的发展理念，才能使当代粤商文化得以持续发展，并在新时代中焕发出更加璀璨的光芒。这种以人民需求为核心的价值观，使得当代广东商贸行业劳动者能够在竞争激烈的市场环境中保持旺盛的生命力。从行业群体主体来看，人民性是当代粤商文化的根本属性，是当代粤商文化的生命力。

三、当代粤商文化科学性与人民性的统一

当代粤商文化是广东商贸行业劳动者在马克思主义科学指导下经过改革开放实践而形成的，是科学性与人民性的有机统一。马克思主义认为，人民群众是历史的主体，是社会变革的决定性力量。[①]科学性强调当代粤商文化是广东商贸行业劳动者坚持马克思主义科学指导思想，形成符合广东商贸行业生产经营发展的客观规律，探寻广东商贸行业文化本质的科学过程。党的十九届四中全会第一次把坚持马克思主义在意识形态领域的指导地位，作为繁荣发展社会主义先进文化的根本制度乃至中国特色社会主义制度体系一项根本制度提出来，这

---

① 李来容. 文化自信内在特质与发展理论的多维探析［J］. 天津社会科学，2019
（06）：71-74.

是党在文化领域取得的一项历史性成就。①人民性突出当代粤商文化是广东商贸行业劳动人民集体实践的成果，突出当代粤商文化是广东商贸行业服务人民群众的劳动过程中形成的地方行业特色文化。要把人民立场作为政治前提，把人民利益作为价值追求，把人民标准作为成效依据，实现为人民服务根本宗旨与实践行为的统一。②当代粤商文化只有在人民性和科学性基础上，才能真正满足广东商贸行业劳动者发展的需要。没有科学性，广东商贸行业劳动者就不可能满足人民的利益，不能实现持续发展。科学性是确保广东商贸行业劳动者服务人民的长远利益与根本利益的基础。人民性决定理论普及的立足点和价值取向，实现人民性就是要立足人民的需求，着眼于服务人民，使理论的内容和形式为人民所接受。③只有人民性才能推动广东商贸行业持续发展，而广东商贸行业的发展需要人民共同参与。科学性与人民性相统一是当代粤商文化的特征之一。

当代粤商文化的科学性与人民性统一于广东商贸行业的改革开放。广东作为中国改革开放的前沿地区，一直以来都是中国经济的重要引擎之一。广东地区的经济腾飞，为当代粤商文化的蓬勃发展提供了坚实的基础。在全面推进中华民族伟大复兴的新征程中，广东抓住高质量发展首要任务，积极探索中国式现代化的广东路径，高水平谋划、多路径推进现代化建设，并走在前列、作出示范。④当代广东商贸行业劳动者勇于创新、敢于冒险的精神，推动了广东地区的产业结构升级和经济转型。广东坚持以创新和市场为导向全面深化体制机制改革，不断扩大对外开放格局，并取得了显著成效，实现了经济稳步

---

① 肖剑南. 坚持和完善繁荣发展社会主义先进文化制度的理论与实践逻辑 [J]. 广西社会科学，2022（03）：143-150.
② 周显信. 努力彰显马克思主义真理的人民性 [J]. 红旗文稿，2017（18）：41.
③ 常培育. 在人民性普及性科学性相统一中推进马克思主义大众化 [J]. 求是，2011（06）：25-27.
④ 郭跃文. 浅论中国式现代化广东路径的三重逻辑 [J]. 南方经济，2023（02）：1-8.

增长、产业结构不断优化、市场主体更加活跃、经济更加开放、发展更加协调，人民也切实共享到了改革开放成果。[①]当代广东商贸行业劳动者积极拓展国内外市场，促进了贸易往来和资金流动，为广东地区的经济增长带来了巨大的动力。

人民性突出了当代粤商文化的价值导向，科学性则强调了当代粤商文化的真理性。这种真理性体现为当代粤商是在马克思主义指导下、在中国特色社会主义市场经济建设中开展的商业实践，通过严谨的商业运作方式和科学的经营管理取得了极高的生产营运效率和效果，从而取得了巨大的商业成就。当代广东商贸行业劳动者在生产经营过程中深入人心的人文关怀和精益求精的社会责任感则充分体现了当代粤商文化的人民性。当代粤商文化引导广东商贸行业劳动者以人为本，关注消费者权益，关注员工的成长和发展，关注社会的和谐与进步，关注环境保护与可持续利用。由此，当代粤商文化具有了深厚的科学基础和广泛的人民基础。当代粤商文化的科学性和人民性有机统一表现在：一方面，科学性的真理性为当代粤商文化提供了强大的动力和支撑，使得当代粤商文化能够在竞争激烈的商业环境中立于不败之地；另一方面，人民性的价值观为当代粤商文化提供了坚实的基础和广阔的舞台，使得当代粤商文化能够在社会发展的大潮中发挥积极的作用。在新时代的文化建设实践中，人民群众发挥着主体作用，他们既是文化建设的参与者，也是享有者。[②]因此，科学性和人民性的有机统一，是当代粤商文化的一大特色，也是其成功的关键因素。科学性强调的是当代粤商文化的真理性，人民性强调的是当代粤商文化的价值性，两者有机统一。

---

① 马冀群. 习近平改革开放重要论述引领广东改革开放再出发分析［J］. 南方论刊，2023（11）：27-29；33.
② 意娜. 新时代中国文化发展的人民实践：习近平文化思想的人民性维度阐释［J］. 内蒙古社会科学，2023，44（06）：10-18；2.

第三节　时代性与开放性的统一

一、当代粤商文化的时代性

任何文化都是特定时代的产物，是时代精神的精华。主体性和创新性、开放性和包容性，是中国革命、建设和改革创新实践的精神品格、根本属性和最鲜明时代特征，更是其之所以与马克思主义具有高度契合性的实践基础和动力机制。[①]当代粤商文化是我国改革开放背景下逐渐形成的，具有鲜明的时代性。随着改革开放的不断深入，我国社会经济环境经历了前所未有的巨大变革。改革开放以来，中国农村的经济社会发生了很大变化，农民个体化程度较高。[②]这种变革不仅体现在经济结构的调整和优化上，更体现在人们的生活方式、思维方式，以及社会观念的转变上。在经济结构方面，改革开放打破了原有的计划经济体制，引入了市场经济机制，使得我国的经济发展模式由过去的封闭和单一转变为开放和多元。成立深圳经济特区不只是创造深圳一市的辉煌，而是试图"杀出一条血路来"，以开放倒逼整个国家改革。[③]在这个过程中，我国的产业结构、就业结构和收入分配结构都发生了深刻的变化，改革开放为我国的经济社会发展注入了新的活力。改革开放使我国人民的生活水平得到了显著提高，人们的物质生活更加丰富多彩。党认识和利用资本的探索历程和经验积累为实现第二个百年奋斗目标提供了重要启示：始终坚持党对经济工作的全

---

① 余卫国. 马克思主义和中华优秀传统文化的高度契合性论析 [J]. 云南民族大学学报（哲学社会科学版），2024，41（01）：1-9.
② 徐勇. 共治与服务：改革开放以来乡村治理的结构功能转换 [J]. 当代世界与社会主义，2023（06）：27-34.
③ 常修泽. 中国对外开放"四性"论：改革开放45年个人亲历的几点体会 [J]. 学术界，2023（12）：124-128.

面领导，发挥中国特色社会主义制度优势；全面提升资本治理效能，规范和引导资本健康发展；践行以人民为中心的发展思想，使资本始终服从和服务于人民和国家利益。①我国人民的观念在尊重个人权利、追求社会公正、倡导和平发展等方面发生了根本性的转变，不仅推动了社会的和谐稳定，也为我国的长远发展奠定了坚实的基础。

在改革开放推动的社会经济发展大潮中，广东商贸行业劳动者以其敏锐的商业嗅觉和勇于创新的精神，迅速适应了新的社会经济环境，并取得了显著的成就。中国创造的经济发展奇迹除了依赖人口红利和改革开放红利的基本条件以外，更重要的是人力资本积累和科学技术进步。②当代广东商贸行业劳动者不仅能够准确地把握市场动态，洞察消费者需求，迅速捕捉到市场的新机遇和新趋势，还敢于突破传统的商业模式，勇敢地尝试新的经营策略。当代广东商贸行业劳动者不断学习、思考和探索，紧跟时代的步伐，不断调整自己的经营策略和商业模式。无论是在产品创新、市场营销还是企业管理方面，当代广东商贸行业劳动者都展现出了勇于创新的精神，敢于挑战传统观念，勇于打破陈规，敢于尝试新的产品、服务、商业模式和技术手段。正是勇于创新的精神，使得当代广东商贸行业劳动者在激烈的市场竞争中脱颖而出，取得了令人瞩目的成绩。当代广东商贸行业劳动者还注重团队合作和资源整合，借助合作伙伴的力量，共同开拓市场、拓展业务，提供更优质的产品和服务。当代广东商贸行业劳动者也注重内部团队的建设和管理，培养员工的专业素养和团队合作精神，为企业的发展奠定了坚实的基础。广东商贸行业劳动者在改革开放的过程中展现出了敏锐的商业嗅觉、勇于创新的精神和良好的团队

① 梁伟军，黄子睿. 改革开放以来中国共产党认识和利用资本的历史进程与经验启示［J］. 社会主义研究，2023（06）：79-85；70.
② 姚树洁，房景. 科技创新推动"双循环"新格局发展的理论及战略对策［J］. 东北师大学报（哲学社会科学版），2021（03）：39-51.

合作能力，不仅适应了新的社会经济环境，还取得了显著的成就。这种成就不仅体现在经济领域，也体现在当代粤商文化之中。当代粤商文化既继承了广东地区悠久的商业传统，如务实、诚信、敢为人先等价值观念，又积极吸收了国际先进的商业理念和管理经验。这使得广东商贸行业劳动者在激烈的市场竞争中始终保持着强大的生命力和竞争力。2001 年，中国成功加入世界贸易组织（WTO），标志着改革开放进入了融入全球化的新阶段。[①]在全球化的大背景下，粤商文化不断与时俱进，不断创新发展。当代广东商贸行业劳动者敢于拓展国际市场，积极参与全球竞争，为中国经济的发展作出了巨大贡献。当代粤商文化是我国改革开放背景下逐渐形成的地方行业文化，具有鲜明的时代性。

二、当代粤商文化的开放性

当代粤商文化展现出了开放、包容和进取的精神风貌。中华民族具有悠久的历史文化，自古就有开放包容、兼收并蓄的文化胸怀。当代粤商文化开放性强调的是的包容性、发展性。[②]当代粤商文化作为开放的文化体系，需要在立足本国、本民族文化的基础上，吸收借鉴外来文化。当代粤商文化是一种既保持自身特色又积极开放、进取的文化形态。当代粤商文化引导广东商贸行业劳动者不排斥其他文化，以一种开放的态度面对世界。当代粤商文化并不自视甚高，自我陶醉。广东商贸行业劳动者深知商业的成功离不开文化的底蕴，但同时也明白过度的自负只会导致故步自封，无法适应时代的发展。因此，广东商贸行业劳动者在保持自身独特文化特色的同时，也积极吸收外

---

① 何睦，张舸. 日常生活史的历史教育价值及其实践研究：以改革开放史教学为例 [J]. 天津师范大学学报（基础教育版），2023，24（06）：62-67.
② 陈海若. 论习近平文化思想的理论主题与科学体系 [J]. 思想理论教育，2024（01）：26-32.

来的优秀文化元素，以丰富和完善自身的商业文化。广东商贸行业劳动者理解到在全球化的大背景下，任何企业都必须通过与外界的交流和合作，才能实现更大的发展。

当代粤商文化的开放、包容特质不仅体现在当代广东商贸行业劳动者的生产经营活动中，更深深地影响了当代广东商贸行业劳动者的思维方式和行为习惯，使当代广东商贸行业劳动者在激烈的市场竞争中始终保持着旺盛的生命力。当代广东商贸行业劳动者善于吸收借鉴外来文化的精华。在全球化的背景下，各国之间的文化交流日益频繁，各种思想观念和文化元素不断交融。当代粤商文化引导广东商贸行业劳动者敞开胸怀，积极学习借鉴其他国家和地区的先进经验和成功做法，以丰富自身的内涵和发展路径。广东商贸行业劳动者敢于面对不同文化之间的差异和冲突，通过对话交流，增进相互理解和友谊。当代粤商文化注重内外兼修，形成开放包容的文化格局，在保持本土特色的同时，积极参与国际商业合作与竞争，拓展海外市场和合作伙伴，将本土文化与国际化视野相结合，更好地适应了经济全球化的发展趋势。当代粤商文化作为开放的文化体系，需要广东商贸行业劳动者在立足本国、本民族文化的基础上，吸收借鉴外来文化。广东商贸行业劳动者只有在传承本土文化的基础上不断创新发展，才能为广东乃至整个中国的商业繁荣和社会进步作出更大的贡献。文化越自信，开放性、包容性就越强。

在当代粤商文化不断发展中，广东商贸行业劳动者积极拓展与外部世界的联系与交流，保持对本土文化的传承和发扬。当代粤商文化坚守本土根基，继承和弘扬广东地区独特的商业精神和价值观。广东作为中国的商业重镇，自古以来就有着浓厚的商业氛围和创业精神。当代粤商文化强调务实创新、敢为人先的勇气和智慧，以及诚实守信的商业道德观念。这些传统价值观是粤商文化的独特之处，也是其持续发展的重要支撑。

三、当代粤商文化时代性与开放性的统一

当代粤商文化形成于我国改革开放的时代。在改革开放的大背景下，广东作为我国改革开放的前沿阵地，商业发展尤为迅速，吸引了大量人才和资本。这些因素共同促成了当代粤商文化的形成和发展。改革开放为广东带来了前所未有的发展机遇。随着国家对市场经济体制的建立和完善，广东的经济活力得到了充分释放，各类企业如雨后春笋般涌现。这为当代粤商提供了广阔的市场空间和良好的发展环境，使得他们能够充分发挥自己的商业才能，创造了一个又一个商业奇迹。在这个过程中，当代广东商贸行业劳动者不仅在经济建设领域取得了辉煌的成就，还为推动中华优秀传统文化的传播和发展作出了积极贡献。改革开放培养了一代又一代优秀的当代粤商人才。在这个充满机遇和挑战的时代，当代广东商贸行业劳动者在继承中华优秀传统文化的基础上，不断探索新的商业模式和经营理念，吸收西方现代商业理念的精华，为当代粤商文化的繁荣发展注入了源源不断的活力。可见，当代粤商文化的形成与发展得益于改革开放这一历史契机。

在1978年党的十一届三中全会上，中国共产党确定将工作重心转移到经济建设上来。改革开放是一场伟大的社会变革，极大地推动了我国社会主义事业在各领域的发展。这场改革不仅改变了中国，也影响了世界。自改革开放以来，我国在经济、科技、教育、文化等各个领域都取得了显著的成就。在经济领域，我国已经成为世界第二大经济体，经济实力大幅度增强，人民生活水平显著提高。在科技领域，我国在人工智能、5G通信、高速铁路等领域取得了一系列重大突破，展现了中国科技的强大实力。在教育领域，我国的教育水平不

断提高，大学毕业生数量居世界前列，为我国的经济社会发展提供了强大的人才支持。在文化领域，中国文化的影响力在全球范围内不断扩大，中国文化的软实力得到了显著提升。改革开放不仅推动了我国社会主义事业的发展，也为全球社会主义事业的发展提供了新的经验和启示。我国改革开放的实践证明，只有坚持和发展中国特色社会主义，才能实现中华民族伟大复兴的中国梦。当代粤商文化的形成和发展证明，只有坚持和发展中国特色社会主义文化，才能推动各地区各行业文化的繁荣和发展。

1981年6月，党的十一届六中全会通过了《关于建国以来党的若干历史问题的决议》，概括了社会主要矛盾，即"在社会主义改造基本完成以后，我国所要解决的主要矛盾，是人民日益增长的物质文化需要同落后的社会生产之间的矛盾"。①生产力决定生产关系，生产关系反作用于生产力。经济基础决定上层建筑，上层建筑反作用于经济基础。在当时，我国人民日益增长的物质文化需要同落后的社会生产之间矛盾作为社会主要矛盾，而要改变落后的社会生产状况，发展生产力是关键。只有生产力发展了，搞好经济建设，才能为搞好其他方面提供坚实的物质基础。同样，只有生产力发展了，创造出更多丰富的物质财富，满足人民需要，才能充分体现出社会主义的优越性。邓小平指出，"革命是解放生产力，改革也是解放生产力"②。改革开放对进一步解放和发展生产力，提高生产力水平，满足人民需要，化解社会主要矛盾有着极为重要指导意义。改革开放为中国带来了翻天覆地的变化，不仅使中国经济实现了快速增长，也为人民群众创造了更多的就业机会和福利保障。党的十三大明确提出"三步走"战略。第一步战略目标，是"国民生产总值比一九八〇年翻一番，解决

---

① 中共中央文献研究室. 三中全会以来重要文献选编：下 [G]. 北京：人民出版社，1982：839.
② 邓小平. 邓小平文选：第三卷 [M]. 北京：人民出版社，1993：370.

人民的温饱问题。这个任务已经基本实现"①。这表明了随着生产力发展，人民生活水平的提升，基本温饱问题已经得到解决。与1980年相比，1991年国内生产总值由4 470亿元增加到19 580亿元，平均每年增长9%左右。在工农业生产发展、科技文化教育等方面亦取得了一定成绩，先后胜利完成了第六个五年计划和第七个五年计划，提前实现了第一步战略目标。居民生活水平整体得到提高，1992年，城镇居民恩格尔系数为53%，比1978年城镇居民恩格尔系数57.5%下降4.5个百分点；农村居民恩格尔系数为57.6%，比1978年的67.7%下降了10.1个百分点。1980年全国城乡居民人均储蓄存款余额只有40元，1990年达到615元，人民生活不断得以改善。②在这期间，广东经济社会的发展令人瞩目。1979年至1991年的13年间，广东地区生产总值平均以12.6%的速度递增，1992年又比1991年增长19.5%，与1980年相比，翻了两番多，创造了同时期中国和东亚地区最高的发展速度。广东迅速走向现代化，原因是多方面的，其中一个主要原因是改革开放先行一步的广东较早地摒弃了传统的计划经济思想，较快地接受和实践了市场经济思想。广东的快速发展，得益于其对改革开放的积极响应和实践。在改革开放的大潮中，广东走在了全国的前列，较早地认识到了计划经济的限制，开始逐步摒弃这种过于集中的计划经济模式。广东以其独特的地理位置和开放的历史背景，率先接受了市场经济的理念，这使得广东的经济得以快速发展。市场经济思想的接受和实践，使得广东的经济结构发生了深刻的变化。从以农业为主转向以工业为主，再到现在的服务贸易、高科技产业等领域的快速发展，都体现了市场经济思想在广东的成功应用。这种转变

---

① 中共中央文献研究室. 十三大以来重要文献选编：上 [G]. 北京：人民出版社，1991：16.
② 中共中央文献研究室. 十三大以来重要文献选编：下 [G]. 北京：人民出版社，1991：1482.

不仅推动了广东的经济发展，也使其在全国范围内的地位得到了进一步的提升。广东省能够迅速走向现代化，得益于其较早接受和实践了市场经济思想。这种思想的转变，使广东的经济结构得以优化，经济发展速度得以提升，从而使得广东省在全国乃至全球的经济舞台上扮演着越来越重要的角色。从社会思想的角度去考察，关于市场经济的思想、理论、观念，作为广东10多年来社会经济思想的主流，在改革开放的广东架构新的社会经济体制中起到了中流砥柱的作用。①

江泽民等国家领导人在正确认识和把握具有时代特征的社会矛盾、抓住主要矛盾基础上，领导人民紧紧围绕经济建设中心工作，逐步实现由经济增长方式向经济发展方式的战略转变，建立并完善社会主义市场经济体制，进行科技教育、民主政治、生态环境等方面相应变革，极大地推动了生产力发展，人民生活得到显著改善，在总体小康生活需要满足后开始追求全面小康生活。"我们必须善于全面地而不是片面地、发展地而不是静止地、联系地而不是孤立地去观察和思考问题，从而在纷繁复杂的形势中把握住本质的东西，抓住主要矛盾和矛盾的主要方面，实事求是地对我们可能面临的威胁的性质、程度和方式作出准确的判断"。②江泽民在《正确处理社会主义现代化建设中的若干重大关系》中，从总揽全局、发展、改革和稳定四个方面阐述了当前存在的、重大的、关乎全局的十二大关系，对如何发展生产力，满足人民日益增长的物质文化生活需要中存在诸多矛盾问题进行了高度概括和系统科学说明，始终以经济建设为中心的工作重心不变，不断提高生产力发展水平，有效地推进社会发展。2000年，我国国内生产总值达到8.94万亿元人民币，按当年汇率计算，超过1万亿美元，由低收入国家开始进入中下收入国家行列，中国经济上了一

---

① 盛培德. 广东现代化与市场经济思想［J］. 经济学动态，1993（07）：14-18.
② 江泽民. 江泽民文选：第一卷［M］. 北京：人民出版社，2009：281.

个大台阶，总体上达到了温饱有余的小康水平。①这表明进入 90 年代，中国已由解决温饱问题转向争取人民总体小康，并随着生产力发展，取得了人民总体小康水平实现的阶段性成果。但随着生产力水平迅速提升，人民总体小康水平的实现，社会发展又出现新的问题，产业结构不合理导致产品供需结构错位，从需求大于供给转向供给大于需求，地区产业结构趋同，服务业、生产工艺、技术装备落后，资源利用率低，城乡区域发展差异明显，居民收入分配呈现两极分化趋势，资源紧缺、生态环境问题严重等。这些突出问题的存在无不反映了人民对全面小康生活实现的向往。期间，广东经济继续快速发展。2000 年，广东地区生产总值首次突破 1 万亿元大关，为 10 741 亿元。广东经济持续以惊人的速度发展，展现出强大的生机和活力。在发展的进程中，广东积极应对各种挑战，解决了一系列的难题，这些难题包括但不限于产业结构调整、环境保护、科技创新等。这些难题的解决为广东经济持续发展提供了坚实的基础。广东经济发展不仅体现在经济增长的速度上，更在于其对问题解决能力的提升上。面对复杂的国内外环境，广东省始终坚持以人民为中心的发展思想，坚决解决影响和制约经济社会发展的各种问题。同时，广东省也注重从制度层面解决问题，通过深化改革开放，优化政策环境，推动经济社会健康发展。

跨入新世纪、中国改革开放进入新阶段，新矛盾、新问题不断出现，诸如资源环境压力加大、城乡二元结构矛盾突出、区域发展不平衡、居民收入差距过大等等。胡锦涛等党和国家领导人带领全国人民在提高经济增长速度同时，转变经济发展方式，从粗放型经济增长向集约型经济发展方式转变，提出"以人为本"的科学发展观，构建社会主义和谐社会，着力解决社会生产不平衡、经济增长和社会以及人

---

① 刘国光. 中国十个五年计划研究报告 [M]. 北京：人民出版社，2006：690.

的全面发展矛盾、人的发展与自然环境矛盾即国内改革和对外开放矛盾等诸多问题，以此推进全面小康社会建设，满足人民生活全面小康水平需要。科学发展观重要思想从社会主要矛盾要素结构生产力发展的总体性要求出发，提出全面、协调、可持续社会生产发展，解决生产发展中遇到的诸多问题，为生产力水平提升，更好满足人民需要，促进社会主要矛盾的化解提供了科学的理论指导。尽管生产力水平得到很大提升，人民生活得到显著改善，但经历三十多年经济高速增长，高强度大规模开发，使得人口红利、投资红利、贸易红利、资源红利及储蓄红利都在减弱，原有经济增长方式难以为继。随着人民消费需求、消费品质提升，原有低端产品不能满足人们消费需求，导致低端产能过剩、高端供给不足等问题产生。党的十七大报告指出，"我国仍处于并将长期处于社会主义初级阶段的基本国情没有变，人民日益增长的物质文化需要同落后的社会生产之间的矛盾这一社会主要矛盾没有变"[①]。2011年，我国国内生产总值达到47.3万亿元，人均超过5 000美元，达到中等收入国家水平，超过日本，成为仅次于美国的世界第二大经济体。2011年广东成为全国首个地区生产总值破5万亿元的省份，人均地区生产总值超过7 000美元，跨入中上等收入国家或地区水平。

随着生产的发展和生活水平的提升，人民更多表现出对自由、民主、公平、正义的需要，更多表现出对美好生活向往。为了满足人民需要，党从顶层设计开始，采取各项措施，进一步展开了全面深化改革，推动新常态下经济社会发展和人民生活水平提升，继而促进社会主要矛盾发生转变。习近平等党和国家领导人正确认识和深刻把握经济新常态，围绕高质量发展经济为化解新时代社会主要矛盾作出战略

---

① 中共中央文献研究室编. 十七大以来重要文献选编：上 [G]. 北京：中央文献出版社，2009：11.

部署，对社会生产，也就是供给端进行进一步结构调整改革，并加强对需求端管理，协调需求与供给矛盾，以促进生产高质量发展，满足人民美好生活需要。习近平总书记指出："只有把生产力和生产关系的矛盾运动同经济基础和上层建筑的矛盾运动结合起来观察，把社会基本矛盾作为一个整体来观察，才能全面把握整个社会的基本面貌和发展方向。"①针对经济结构与总量失衡，低端产能过剩，高端供给不足，原有禀赋优势减弱，经济增长动力不足，潜在风险增加等诸多新矛盾新问题，习近平总书记提出了新发展理念、供给侧结构性改革、市场与政府关系新定位、人类命运共同体等系列化解社会矛盾的新观点、新思想和新论断。习近平新时代中国特色社会主义思想进一步促进了生产力高质量发展，进一步坚持与发展了马克思主义矛盾理论体系。面对风高浪急的国际环境和艰巨繁重的国内改革发展稳定任务，在以习近平同志为核心的党中央坚强领导下，我国2022年国内生产总值超过121万亿元。②

　　社会生产得到极大发展，人民对美好生活向往要求水平更高，但发展不平衡不充分问题制约了人民美好生活需要。党的十九大报告指出："中国特色社会主义进入新时代，我国社会主要矛盾已经转化为人民日益增长的美好生活需要和不平衡不充分的发展之间的矛盾。"③党的二十大报告指出："明确我国社会主要矛盾是人民日益增长的美好生活需要和不平衡不充分的发展之间的矛盾，并紧紧围绕这个社会主要矛盾推进各项工作，不断丰富和发展人类文明新形态。"④在新时代，随着人民物质文化生活水平的提高，人民的需要

　　① 习近平. 坚持历史唯物主义不断开辟当代中国马克思主义发展新境界 [J]. 求是，2020（2）：4-11.
　　② 国家统计局.中华人民共和国2022年国民经济和社会发展统计公报 [N]. 人民日报，2023-03-01（009）.
　　③ 中共中央党史和文献研究院. 十九大以来重要文献选编：上 [M]. 北京：中央文献出版社，2019：8.
　　④ 习近平.高举中国特色社会主义伟大旗帜 为全面建设社会主义现代化国家而团结奋斗 [N]. 人民日报，2022-10-26（001）.

从物质文化需要转向更高品质更高层次的美好生活需要，希望获得更多的公平、正义，追求更广泛的民主等，需求侧变化凸显了供给侧问题，不只是物质生产发展不平衡不充分，还包括制度供给发展不平衡不充分。只有通过高质量物质生产，完善制度供给，才能不断满足人民对高品质、高层次的物质生活需要，满足人民对公平正义、更广泛民主的需要，促进新时代社会主要矛盾的化解。石建勋等学者深入研究了发展不平衡不充分的具体表现。[①]

改革开放以来，当代广东商贸行业劳动者以其独特的商业智慧和精神风貌，成为了推动我国经济发展的重要力量，为当代粤商文化的形成提供了丰富的土壤和条件。首先，改革开放以来的社会经济环境为当代粤商文化的形成提供了物质基础。改革开放以来，中国经济的快速发展，特别是珠江三角洲地区的经济腾飞，为当代广东商贸行业劳动者提供了广阔的商业空间和无限的商业机遇。在这样的环境下，当代粤商得以充分发挥他们的商业才能和创新精神，形成了独特的当代粤商文化。其次，改革开放以来的社会观念变化对当代粤商文化的形成产生了重要影响。改革开放以来，中国社会逐渐接受了市场经济的理念，人们的思想观念发生了深刻的变化。这种变化为当代广东商贸行业劳动者提供了更为宽松的市场环境，使当代广东商贸行业劳动

[①]　我国学者石建勋认为发展不平衡问题主要表现在：一是供需不平衡，即产能过剩和有效供给不足问题，如钢铁、房地产等产能过剩和高品质产品、服务无法实现有效供给；二是区域发展不平衡，东中西部发展差异较大，有些地区发展后劲不足；三是产业发展不平衡，尽管现代服务业有了较大发展，较之发达国家，水平依然比较低；四是城乡发展和收入分配差距依然较大，少数偏远农村地区还处于脱贫阶段；五是群体间收入差距扩大和个体发展机会不均等；六是"五位一体"总布局中，长期以来形成的"经济建设为中心"政策导向，对政治、文化、社会、生态等方面建设重视不够，发展滞后于经济建设，造成五大领域之间发展不平衡等。发展不充分问题主要表现在：一是生产力发展水平虽有很大提升，但与发达国家相比，某些领域生产力水平还需进一步提升；二是资源和能源还没有得到充分利用，也使得环境污染形势依然严峻，特别是一些地区严重雾霾频发，治理措施需要进一步加强；三是社会事业和民生工程发展不充分，群众在就业、教育、医疗、居住、养老等方面临不少难题；四是科技创新能力不强、创新发展不充分，核心技术和关键元器件依然依赖进口；五是治理能力和国家治理体系建设发展不充分，社会文明水平尚需提高，全面依法治国任务依然繁重；六是精神文明和政治建设发展不充分，人民需求从满足生存需求转向享受与发展需求，从物质需求转向民主、政治等方面需求，参政议政意识增强，对精神文明和政治文明建设提出新要求。这些发展不充分问题存在制约着人民对更高层次需求的满足。详见：石建勋. 新时代我国社会发展的主要矛盾研究[M]. 北京：人民出版社，2019：88-89.

者能够更加自由地开展自己的商业活动，从而推动了当代粤商文化的形成和发展。最后，改革开放以来的国际环境也为当代粤商文化的形成提供了外部条件。随着全球化的推进，中国的对外交流日益频繁，当代广东商贸行业劳动者也开始走出国门，参与国际商业竞争。随着国家对外宣传和国际传播能力建设的不断加强，中华文化在海外传播中将迎来更为深刻的变革。①在这个过程中，当代广东商贸行业劳动者不仅吸收了西方的商业理念和管理方法，也向世界各国传播了中国特色社会主义文化，从而使当代粤商文化得到了更广泛的传播和发展。改革开放以来的社会环境和国际环境，为当代粤商文化的形成提供了有利的条件。在这个时代背景下，当代广东商贸行业劳动者在改革开放的实践中形成当代粤商文化，为中国特色社会主义文化建设作出了重要贡献。

当代粤商文化形成于伟大的中国特色社会主义建设时期。这个时期的中国，经历了从封闭落后到开放进步的历程，经济实力和综合国力得到了空前的提升。在这个过程中，当代广东商贸行业劳动者以其独特的商业智慧和精神风貌，成为了推动我国经济发展的重要力量。中国特色社会主义建设的伟大实践，为当代粤商文化的形成提供了丰富的土壤。在这个时期，我国坚持以经济建设为中心，大力推动改革开放和社会主义现代化建设，为当代广东商贸行业劳动者提供了广阔的发展空间。同时，我国坚持以人为本，注重发展社会事业，提高人民生活水平，也为当代广东商贸行业劳动者的发展提供了良好的社会环境。在这样的时代背景下，当代广东商贸行业劳动者，抓住了改革开放带来的机遇，通过艰苦创业，以其敢为人先、勇于创新的精神，积极参与中国特色社会主义市场经济的建设，推动了我国经济的快速

---

① 李莉，刘艺青. 中华文化海外传播的多模态路径［J］. 中州学刊，2023（12）：173-176.

增长。当代粤商文化传承中华优秀传统文化基因，熔铸红色革命文化血脉，浸润改革开放的创新精神，吸纳外来文化的精华，是中国特色社会主义文化在广东商贸行业的具体表现。中国特色社会主义文化是与时俱进的文化。随着时代发展变化，随着社会主义文化建设实践经验累积，中国特色社会主义文化的内涵会不断丰富发展。当代粤商文化，作为中国特色社会主义文化在广东商贸行业的表现，也在中国特色社会主义文化的熏陶和影响下不断发展丰富。当代粤商文化以其独特的商业智慧和创新精神，为我国的经济发展作出了重要贡献。当代粤商文化是在我国特色社会主义建设的宏大历史画卷中逐步形成的。

第五章

当代粤商文化的形成机制

当代粤商文化的形成机制是怎样的？这是研究当代粤商文化面临的另一个重要问题。当代粤商文化的形成是一个动态的过程，其内涵蕴于该运动过程之中，其机制也蕴于该运动过程之中。当代粤商文化是中国特色社会主义文化在广东商贸行业的具体表现。中国共产党在领导革命、建设、改革和复兴的历程中，始终坚持马克思主义基本原理同中华优秀传统文化相结合，探索出一条凝结中国精神、彰显中国价值的中国特色社会主义文化发展道路。①当代粤商文化的形成应该从属于中国特色社会主义文化发展道路。当代粤商文化是广东商贸行业劳动者在改革开放中的实践成果之一。广东商贸行业劳动者在改革开放中的实践过程是当代粤商文化的形成过程。中华民族共有的精神家园从来不是个体的有限实践，同舟共济、守望相助的文化基因始终深植于人民的精神世界。②本章基于当代粤商文化的实践本性，旨在提出当代粤商文化形成机制的核心意涵，阐明当代粤商文化形成机制的学理依据，厘清实践与当代粤商文化形成机制的逻辑关系，从而为研究当代粤商文化形成机制提供概念和范畴支撑。因此，当代粤商文化的形成机制要在改革开放的实践过程中寻得。

第一节　当代粤商文化形成机制的阐释

一、当代粤商文化形成的阶段

恩格斯说："一个伟大的基本思想，即认为世界不是既成事物的集合体，而是过程的集合体，其中各个似乎稳定的事物同它们在我们

---

① 肖贵清. 中国特色社会主义文化建设理论形成发展的轨迹［J］. 西北工业大学学报（社会科学版），2023（01）：1-8.
② 黄少波. 新发展阶段精神生活共同富裕的科学内涵、基本特征与主要任务［J］. 社会科学家，2023（10）：35-40.

头脑中的思想映像即概念一样都处在生成和灭亡的不断变化中。"①
这里所阐述的"过程"的基本思想是运动。唯物辩证法认为，任何事物的存在都是运动的过程，是兴衰的过程。在此意义下，当代粤商文化形成机制可理解为一个螺旋上升的逻辑发展过程。这个过程包含总结实践经验、养成习惯、提炼观念、形成文化四个阶段，四者的相互作用和循环往复，最终成为群体行为习惯和群体品格的逻辑发展过程。

形成当代粤商文化的第一个阶段是总结实践经验。当代广东商贸行业劳动者在改革开放中所总结的实践经验是当代粤商文化形成机制的重要基础和直接方式。当代广东商贸行业劳动者在改革开放中的经验总结属于中国特色社会主义建设的一部分。改革开放为中国特色社会主义奠定了坚实基础，开辟了创新空间，凝聚了强大力量，提供了持久动力。②总结实践经验是指群体内的个体在相同的情景下会采取相同的行动过程。首先，总结实践经验是群体意志蕴于个体的表现，既需要个体在同类情景的基础上形成同类行为，也需要将个体行动转化为理性认识，将理性认识上升为群体行动。其次，群体行为形成必须由群体中的个体自己来实现，任何人都无法替代。最后，群体行为的形成受人的兴趣、生活环境等影响，具有多样性。从实践的动态过程来看，总结实践经验既包含破除不适应当前和未来社会发展的、旧的文化规则，也包含建立适应当前和未来发展需要的、新的文化规则。因此，当代广东商贸行业劳动者在改革开放中总结的实践经验是集体的经验，也是个体的经验。这些经验在一定程度上反映了中国特色社会主义建设的实践过程。

---

① 中共中央马克思恩格斯列宁斯大林著作编译局. 马克思恩格斯全集：第二十八卷 [M]. 北京：人民出版社，2018：353.
② 秦刚. 改革开放与中国特色社会主义的开创和发展 [J]. 当代世界与社会主义，2023（06）：14-20.

形成当代粤商文化的第二个阶段是养成习惯。在改革开放的过程中，当代广东商贸行业劳动者会沿着成功的经验继续开展类似的生产经营活动，进而养成习惯。养成习惯是一个经验逐渐积累、螺旋式渐进的过程。先行先试从基层抓起、从基层改起，找出规律，凝聚共识，为全面推进改革积累经验、创造条件，分层分步分类推进改革，这是改革循序渐进推进策略的体现，也是改革取得成功的基本经验。①养成习惯是个体在态度、思想上对群体行为产生共识性看法，并逐渐同化的过程，从而发挥群体凝聚力的作用。养成习惯在当代粤商文化形成机制中发挥中介作用。当代粤商文化形成机制中的养成习惯，是指群体成员对群体形成的一种积极肯定的认知。养成习惯的发生以满足个体成员需要为前提，并得到群体内个体的普遍认同，进而成为群体的共同行为习惯。从个体的行为习惯到群体的共同行为习惯，正是从实践经验到养成习惯的过程。中国式现代化区域实践的先行先试，不仅兼具"政策试点"所固有的理论内涵与其特殊的功能特征，而且遵循现代化时空演进的历史规律，并体现社会主义现代化战略目标的阶段性特征。②当代粤商文化需要在广东商贸行业劳动者群体行动的基础上，不断萃取和升华相应的养成习惯，为形成当代粤商文化注入源源不断的动力和支撑。

　　形成当代粤商文化的第三个阶段是提炼观念。提炼观念在当代粤商文化形成机制中起到引领作用。从内容来看，提炼观念与养成习惯紧密关联，是其重要补充；从发展环节来看，提炼观念引领养成习惯进一步跃升为形成文化。这里的"引领"主要有以下几层含义。第一，提炼观念引领着养成习惯的深化，观念的提炼和习惯的养成本就

---

　　① 蒋永穆，王运钊. 改革开放以来混合所有制的演进脉络、内在逻辑及展望［J］.福建论坛（人文社会科学版），2023（10）：5-17.
　　② 王竹君，杜宇玮，蒋伏心. 中国式现代化区域实践的先行逻辑与示范效应［J］.南京社会科学，2023（07）：55-65.

是对应性的概念，在群体行动中相融和互补。习惯养成的升华需要观念提炼的控制和作用，观念提炼的发展需要习惯养成的激发和促进，这种相互促进和交互影响都是在二者互为中介的过程中实现的。第二，提炼观念是群体的生产、生活等实践过程得以循序渐进发展的枢纽，引领整个群体文化形成过程的发展。第三，提炼观念使人们对群体文化的认识和实践得以转化。经过提炼观念形成的过程，人们对群体文化的分散性、浅层性、矛盾性的认识得以上升为整体性、深层次和圆融性的认识。

形成当代粤商文化的第四个阶段是形成文化。形成文化是当代粤商文化形成机制的目标指向。在这一阶段，群体内个体认为自身是群体的成员之一。形成文化既是前三个阶段的逻辑延伸，又具有其独特的规律和实现方式。通过群体的生产、生活等实践，当代粤商文化一方面转化为广东商贸行业人员的言行准则与方式，贯彻于自己的生产经营和生活领域；另一方面转化为自己的道德品质。因此，提炼观念的形成不是终点，由提炼观念跃升为形成文化才是当代粤商文化形成机制的落脚点。具体而言，在提炼观念的基础上，通过新的自我评价和社会实践评价，进一步加深个体对群体文化的认同，然后依据更高一级的思想意识，更加自觉地接受规范、生成行为，从而推动群体内个体思想境界趋同，形成群体文化。

当然，以上四个阶段不是截然分开的。在当代粤商文化的实际形成和发展过程中，四个阶段往往螺旋式或波浪式地同时发生作用，使得当代粤商文化的形成过程呈现出纷繁复杂的状况。在这一过程中，多个因素相互牵扯、纵横交错，以一定的方式综合起来，循序渐进、交互作用，实现循环上升。

总的来看，当代粤商文化形成机制具有外在政策环境与内在禀赋生成相统一、阶段实现与整体跃升相统一、个体发展与群体进步相统一等特征。

第一，外在政策环境与内在禀赋生成相统一。就过程而言，当代粤商文化的形成不仅包含广东商贸行业劳动者群体外部的政策环境及其相应的经济状况，也包含群体内在禀赋生成，是外在政策环境与内在禀赋生成的统一。马克思主义唯物辩证法将唯物主义与辩证法结合起来，认为世界是普遍联系的，要从事物的内在联系中去认识和解决问题，这为我们提供了认识世界和把握世界的根本方法。①外在政策环境体现在一定的社会为了培养人们"应然"的道德品质，有组织、有系统地对社会群体施加影响的过程中；当代粤商文化形成机制的内在禀赋生成就是群体在社会生活的过程中，将社会公认的道德价值与价值标准纳入自身的品德结构之中，并形成自身稳定的行为习惯和道德品质。前者强调将当代粤商文化通过各种社会途径输入群体的个体意识之中，具有涉及范围广、持久性强、易接受等特点；后者强调主体对外在因素的选择，对外在作用的理解，具有内生性、自觉性等特点。群体仅仅依靠外在政策环境，也会形成相应的当代粤商文化的行为习惯、准则和价值观，但并不一定会真正认同，其典型表现是"理解但不习惯"。因此，仅仅依靠外在政策环境，个体对于当代粤商文化要求的遵循不是其意志自由的选择。同样的，仅仅依靠内在禀赋生成，也无法形成当代粤商文化。外在政策环境和内在禀赋都是当代粤商文化形成的重要条件，是并行不悖、内在统一的。

第二，阶段实现与整体跃升相统一。本质上而言，当代粤商文化发展就是一个从量变到质变的过程。从量变上看，是一次次的当代粤商各种形式的实践活动，对粤商群体行为习惯的逐步影响；从质变上看，则是当代粤商文化在改革开放中经历实践探索，最终形成符合中

---

① 刘建军，黄梦圆. 论习近平文化思想对马克思主义文化理论的继承与发展 [J].
西北工业大学学报（社会科学版），2024（01）：1-10.

国式现代化建设和中华民族伟大复兴要求的广东商贸行业文化。质变固然是最终指向，但量变却最为关键，二者共同作用于当代粤商文化逐渐形成的过程。阶段实现强调量变过程的循环往复，当代粤商文化的形成离不开不同阶段的持续运行发展。就结果而言，当代广东商贸行业劳动者的群体行为、习惯和认同的形成也绝不是一次性的，而是在循环往复过程中得以巩固和发展的。基于文化社会学视角，文化既包含宏观层面一个国家或民族的价值规范、思想传统和理想信念，也为群体和个人提供行动根据，形塑行为的目的和意义；不仅呈现为抽象的思想价值体系，还穿行于社会生活和个体行为之中。①整体跃升强调质变结果的超越升华，实现三个"超越"：一是当代粤商文化对当代粤商群体行为习惯的超越。文化是行为习惯的更高层次追求。当代粤商文化一旦形成，不仅在固定的场域和条件下对粤商个体行为和习惯发挥决定性作用，而且在多样的、动态变化的条件下都对粤商个体行为和习惯起到决定性作用。例如，粤商在不同地区或国家、不同行业中有相同的行为和习惯。这就是当代粤商文化对当代粤商行为习惯的超越意义所在。二是自觉对盲从的超越。在此环节之前，当代粤商个体对当代粤商文化的接受和内化可能是源自外在的刺激、压力、诱惑等，而不是自主自觉的活动。整体跃升强调当代粤商个体对当代粤商文化的接受从盲从转变为自觉。三是群体之我对个体之我的超越。其形成不仅限于个体维度，更关涉群体维度。人首先作为个体而存在，其次又存在于群体之中。总之，当代粤商文化形成机制蕴含于当代广东商贸行业劳动者个体的一套完整的、稳定的群体行为模式、习惯和文化的形成过程。

第三，个体发展与群体进步相统一。当代广东商贸行业劳动者在

---

① 黄燕华. 文化主体性的理论内涵与文化传承发展的实践逻辑：基于文化社会学视角的分析 [J]. 社会科学辑刊，2024（01）：113-118.

当代粤商文化形成过程中要处理好价值取向个体发展与群体进步的统一，要将个人利益与国家利益、自我价值与社会价值结合起来，树立个人价值和社会价值辩证统一的价值观。个体发展意味着，虽然当代粤商文化于每个人而言作用不同，但在个体实践活动中当代粤商文化预设的目标是明确的，当代粤商文化的价值可控、可识、可见。个体发展是承认这一现实，凸显当代粤商文化形成过程中的个人价值，让当代粤商认识到当代粤商文化中个体自身需要和利益不是相违背的，而是一致的。群体进步，就是在当代粤商文化形成过程中要倡导"国家利益高于一切"的价值观念，引领当代广东商贸行业劳动者认识到，集体和国家利益的实现可以为社会成员个体利益的实现创造有利条件。一般来说，当当代粤商文化在满足广东商贸行业劳动者群体需要的同时，又能满足个人发展需要，或反之亦成立时，社会价值与个人价值会表现出高度一致性。只有具备高度的文化自觉，才可能客观地审视各种社会文化潮流，理性地回应各种挑战，反思并修正自身观念和行为的偏差，从而实现个体的全面发展。①如果当代粤商文化使个人与群体的满足度趋于一致，则当代粤商文化的作用达到最大。这是当代粤商文化形成机制的理想状态。在当代广东商贸行业劳动者个体发展和群体进步出现不统一状况时，要坚持群体需要的至上性，首先满足群体进步的要求。总之，当代粤商文化形成机制中当代粤商个体发展与群体进步之间紧密联系、相互交融。

对当代粤商文化形成机制的把握，意味着对当代粤商文化形成过程进行整体研究、科学研究与动态研究的统一。当代粤商文化形成机制是机制概念在当代粤商文化形成过程中的具体应用和延伸。从根本

---

① 覃萍，梁萍. 多元文化语境下青少年的文化自觉与个体发展 [J]. 科学社会主义，2008（05）：92-95.

上说，当代粤商文化形成机制是一种基于客观规律的能动性建构，是在遵循社会导向规律、主体发展规律、双向互动规律基础上，以总结实践经验为基础，以养成习惯为中介，以提炼观念为引领，以形成文化为指向，个体与群体在行为、认知、习惯和认同等层面的规范性建构、内生性建构和互动性建构。

二、当代粤商文化形成的规律

当代粤商文化形成机制建立在文化形成规律的基础上，并揭示了当代广东商贸行业文化形成过程的规律。研究文化形成规律，必须研究和把握这些要素及其相互关系。当代粤商文化形成过程紧密关涉社会环境、当代粤商群体及个体等一系列基本要素及其相互关系。依照规律的概念，文化形成规律是文化形成要素的本质的、必然的、稳定的联系。整体而言，对当代粤商文化形成起决定性作用的是外在环境和内在禀赋这两个要素，应以其为关键切入点分析当代粤商文化形成过程的具体规律。事实上，我们也可从外部环境推动规律、主体自觉发展规律和内外双向互动规律三个方面来分析当代粤商文化形成过程的具体规律。

第一，外部环境推动。外部环境推动以外部环境为核心，涉及当代粤商文化表现形式、当代粤商文化内容组织、当代粤商文化内核确定等方面的本质的、必然的联系。外部环境推动的作用主要是通过社会环境来实现的，要求社会环境不仅有利于孕育当代粤商文化的表现形式和内容，而且有利于形成当代粤商文化的内核。改革开放提供了形成当代粤商文化的政策环境和多方实践的纵横比较基础。首先，改革开放的政策环境。当代粤商文化的形成需要改革开放的政策作支撑。改革开放不是一时一事的工作政策，而是一个长期存在的、承担着极为重要历史任务的政策，同时也是一项需要根据时代发展而持续进步的政策。改革开放后特别是进入新时代以来，中国集中力量建设了一个个世界级的重大工程，沉着地应对突如其来的大风大浪，尤其是打好了防范化解重大风险、精准脱贫、污染防治"三大攻坚战"，成绩为世界所瞩目。[①]当代粤商文化正是在改革开放政策环境下逐步形成的。其次，多方实践的纵横比较。当代粤商文化的形成既需要在实践中纵向比较当代粤商与历史上粤商的文化异同，又需要在实践中横向比较当代粤商与其他地区商人的文化异同。在实践的纵向和横向比较过程中可以凸显出当代粤商文化特色。这些多渠道、多角度、多方面的实践比较不是零散地比较，而是在实践的基础上形成一个有机的借鉴系统，促使当代粤商文化不仅能够有效地吸收其他地区的文化，而且能够更好地传承历史上粤商的优秀文化传统，提升当代粤商文化的活力，增强当代粤商文化的实践特性。

第二，主体自觉发展。主体自觉发展是指当代粤商的行为能动地形成当代粤商文化的客观规律，揭示的是当代粤商文化表现、内容、内核等要素之间的本质的必然的联系。首先，需要满足。内在需要的满足是人们进行实践的动力。当然，个体的发展需要具有多层次性，既有个人需要，又有社会需要，既有物质需要，也有精神需要。习近平总书记指出："发展文化事业是满足人民精神文化需求，保障人民权益的基本途径。"[②]不同的需要引发人们不同的行为活动。满足他们的发展需要是一个复杂的实施过程。其次，超越升华。在改革开放的实践中，当代粤商文化的形成是循环往复的过程，总是在动态运行中得以体现，其连续性和周期性决定了当代粤商文化的表现、内容和内核的产生既不是单向度的，也不是一次性的，而是在不断的、反复的

---

① 王鑫. 百年变局之变、历史启示及中国的战略选择 [J]. 亚太安全与海洋研究，2024（01）：1-10.
② 习近平. 在教育文化卫生体育领域专家代表座谈会上的讲话 [N]. 人民日报，2020-09-23（A002）.

运行中得到巩固和发展。当然，在当代粤商文化形成过程中，当代广东商贸行业劳动者一开始表现出一定的行为习惯和品格，之后又在此基础上对当代粤商文化产生了进一步的、更高一级的认识（当然也是在社会实践中），进而又开始了新的作用过程。这个过程的循环往复，便构成了该过程稳定的联系。最后，自我检验。这一阶段，不仅有当代广东商贸行业劳动者群体内部的矛盾，也有当代广东商贸行业劳动者群体与外部环境的矛盾，但是对整个阶段发展有决定作用的是当代粤商内部的矛盾。在当代粤商文化形成过程中，当代广东商贸行业劳动者的自我实践反馈、检验及加深强化贯穿于当代粤商文化形成的全过程，并发挥主导作用。

第三，内外双向互动。内外双向互动是指外部环境和主体自觉发展双方发生的双向的、互动的、本质的、内在的、必然的联系。首先，表现并行。这一规律强调，在当代粤商行为表现中，外部环境与主体自觉发展要并行不悖、相互支撑。其次，内容互动。当代粤商文化的形成是当代广东商贸行业劳动者在实践的过程中外部环境和主体自觉发展二者积极互动的结果，有利于当代广东商贸行业劳动者发展的外部环境要求在主体自觉发展中得到呼应和展现，而当代粤商主体自觉发展在外部环境中得到保障、体现和推广。当代广东商贸行业劳动者的外部环境和主体自觉发展之间的内容互动可以包括语言、动作、形象、物件及器具等，其贯穿于实践形成之中，推动整个过程的发展。最后，环境进步。当代粤商文化的形成直接受改革开放的影响。改革开放推动社会环境进步，使得当代粤商文化更趋完善，则更有效地实现了外部环境和主体自觉发展的互动。当然，改革开放推动社会进步的同时也带来了社会环境的复杂多变。文化是社会意识形态的重要组成部分，是国家形象和国家软实力的体现，文化建设的现实成效和理论建构既是推动社会整体进步的动力，也是中国特色社会主义事业的关键组成部分和国际竞争的决定性环节。[①]外部环境有多复杂，当代粤商了解掌握外部环境的趋势就有多困难，当代粤商文化形成过程中通过环境优化来提升双向互动的效果就有多艰难，但这也是双向互动必须克服的难点所在。

当代粤商文化的形成在于当代粤商群体的自觉能动建构，当代粤商文化是基于改革开放环境下当代粤商生产经营和社会生活而自觉形成的地方行业特色文化。但"能动性建构"的前提是"改革开放的环境"，也就是说，机制必须依据规律建立，"能动性建构"主要强调当代粤商文化的形成是可以按照当代粤商群体的要求建构和调节的。基于外部环境推动的规律，当代广东商贸行业劳动者在改革开放过程中的实践通过影响主体自觉发展来作用于当代粤商文化形成机制。外部环境的建构并不直接作用于当代粤商文化，而是通过影响当代广东商贸行业劳动者的内生性建构来对当代粤商文化的形成过程发挥作用。正如恩格斯所说，"外部世界对人的影响表现在人的头脑中，反映在人的头脑中，成为感觉、思想、动机、意志，总之，成为'理想的意图'，并且以这种形态变成'理想的力量'"[②]。在理念建构上，当代粤商文化的形成机制能够推动当今时空境遇下人们对当代粤商文化形成过程的深入思考和透彻理解，进而推动理念的创新建构。在模式建构上，当代粤商文化形成机制，一方面体现为当代粤商文化形成过程中系统内部各个组成部分相互联系、相互作用的联结方式，这种联结方式是一种有效性联系；另一方面体现为基于联结方式而完成其任务、实现其功能的运行方式。基于此，当代粤商文化形成机制提供了一整套在改革开放实践中地方与行业特色文化形成的模式，明确了当

---

① 杨长福，陈寒，马小帅. 习近平文化思想理论逻辑的三重维度及其相互关系[J]. 重庆社会科学，2023（11）：15-28.
② 中共中央马克思恩格斯列宁斯大林著作编译局. 马克思恩格斯选集：第四卷[M]. 北京：人民出版社，2012：238.

代粤商文化的形成需要遵循的程序及策略方法，框定和引导了整个形成过程。

内生性建构。基于主体自觉发展，当代粤商文化形成机制重在通过外部环境导向，推动主体自觉产生地方与行业文化，形成文化发展机制。第一，发挥当代粤商文化形成机制的导向作用，引发当代广东商贸行业劳动者在改革开放实践中把马克思主义基本原理与中华优秀传统文化相结合（即"两个结合"）的具体做法。实际上，当代粤商文化的形成过程既是当代广东商贸行业劳动者在改革开放的伟大实践中运用马克思主义基本原理的过程，也是当代广东商贸行业劳动者传承中华优秀传统文化的过程。"两个结合"是对马克思主义的原创性贡献，要深刻认识"两个结合"的必要性、可能性与实践性，在推进中国式现代化进程中开创马克思主义中国化的新境界。[①]具体而言，就是当代粤商文化形成机制揭示了当代粤商文化形成过程中当代广东商贸行业劳动者群体的行为方式和价值观念的发展过程，从而将当代粤商文化导向预定的形成目标，也将原来相互对立、冲突的因素纳入既定的目标体系，规范和约束实践的发展朝着既定的方向迈进。第二，发挥当代粤商文化形成机制的规范作用，引导当代广东商贸行业劳动者的观念和行为，提高当代粤商文化形成的效率。机制本身就包含一系列的制度，并通过习惯、示范、规范等引导人们改变观念、规范行为，加快地方与行业特色文化形成的速度。具体到当代粤商文化形成机制，马克思主义基本原理与中华优秀传统文化共同引导当代广东商贸行业劳动者在改革开放的实践中形成生产生活的行为态度和立场，从而促使当代粤商文化的形成与发展。马克思主义基本原理与中华优秀传统文化的共同引导，使当代粤商在受到环境的影响或自身的

---

① 杨颖. 开辟马克思主义中国化时代化新境界的科学依据、价值要义与实践进路 [J]. 河南师范大学学报（哲学社会科学版），2024（1）：8-14.

困扰时，能够及时纠正方向，平衡实践行动与预期的偏差，保证其发展状态，推动当代粤商文化的形成。

互动性建构。基于内外互动，当代粤商文化的形成机制通过外部环境与主体自觉发展双向沟通，使当代粤商文化在形成过程中内外互动，实现马克思主义基本原理与中华优秀传统文化共同在当代粤商文化形成过程中的有效促进和相互协调。在有效促进当代粤商文化形成方面，重点在于强化改革开放的环境与当代粤商主体的自觉发展之间的相互促进关系。一方面，改革开放的环境给予当代粤商自主发展的机遇，推动广东经济、科技、民生等各个领域全面发展；另一方面，当代广东商贸行业劳动者在经济建设过程中积累了丰富的实践经验，为全国各地发展提供了样板和示范，从而有力地推动了我国改革开放进程。在当代粤商内外互动的过程中，马克思主义基本原理与中华优秀传统文化相结合，产生了新的实践经验，推动了当代粤商文化的形成。同时，当代粤商文化不能仅仅停留于当时当地，而应该包括实践开展之前、过程之中和过程之后，及时体现当代广东商贸行业劳动者在整个改革开放过程中的反应和变化。当代粤商文化积极能动地形成也与外部环境的政策导向、经济和科技发展水平等息息相关。党的百年奋斗历史经验证明，中国共产党不仅践行了马克思主义，还传承了中华优秀传统文化。①当代粤商文化的形成机制保障了双向沟通的有效性，联结了外部环境推进与当代粤商文化主体自觉发展的双向促进。"摸着石头过河"体现了当代粤商文化在改革开放的时代背景下完成了外部环境推动与当代粤商文化主体自觉发展的信息共享和信息互动，实现经验、政策的双向交流。

究其根本，当代粤商文化形成机制具有以下三个主要特征：第

---

① 李刚. 理论创新视域下"两个结合"蕴含的世界观和方法论 [J]. 思想战线，2024（01）：1-8.

一，稳定与变化的发展协同性。在发展协同性上，在有机体中，机制变化得过于频繁会影响稳定的预期，不利于各要素整体运行的稳定发展。当代粤商文化形成机制的指导作用必须在一定时间之内稳定不变，以保证其引领作用的长效发挥。但同时，机制也要随着实践的需要不断变化，持续调整改进。第二，群体和个体的目标协同性。在目标协同性上，当代粤商文化形成机制有赖于对个体与群体的观照。当代粤商文化形成机制的设计原则，既要关注当代粤商个体的成长发展和利益诉求，也要关注群体的发展目标和整体需要，寻求个体与群体发展目标的一致性。培养个体对群体发展目标的认同，提升个体对群体的价值归属感，是使当代粤商文化形成与发展的根本方式。第三，整体与部分的实践协同性。在实践协同性上，有些机制作用于整个过程，有些机制作用于部分，例如有学者将运行机制分为动力机制、目标机制和保证机制①。就这一观点而言，运行机制关系整体，动力机制、目标机制和保证机制则关涉不同方面，但这并不是将整体割裂，而是立足于不同角度更深入地进行研究。揭示形成机制，经常存在这种交叉重复，每个部分、每个阶段不一定界限鲜明，我们能做的是找准当代粤商文化形成机制的出发点，深挖主要矛盾，紧紧把握研究角度，有所侧重。当代粤商文化形成机制的四个阶段一定是相互联系又相对独立的，联系体现的是结构功能的联系，独立更多体现在研究角度上。

总之，当代粤商文化形成机制体现在当代粤商文化形成过程的整体性、科学化和持续性发展方面。在新形势下，影响当代粤商文化形成过程的因素是全方位的、多渠道的，整体性研究才是准确而完整地认识事物的根本观点和根本方法，是防止和杜绝形而上学的基本保证；当代粤商文化形成过程本身是一个复杂的系统，各个组成要素按

① 张琼，马尽举. 道德接受论 [M]. 北京：中国社会科学出版社，1995：140.

照某些机理组成整体时，结构和功能都会发生某种变化，各要素的状态、序列等都影响着系统的整体效果和功能作用的发挥，这一系统的创新发展必须是整体性的。同时，当代粤商文化形成机制建设有助于推动当代粤商文化形成过程的科学化进程。当代粤商文化形成机制涉及的内涵、特点、理论基础和体系构成等，都是当代粤商文化形成理论与实践需要探讨和破解的关键问题。"两个结合"不仅可以更好揭示当代粤商文化形成的本质意涵及内在规律，深化理论研究的层次，而且可以获得更深刻具体的马克思主义基本原理与中华优秀传统文化相结合的实践经验。从中华优秀传统文化中汲取精华养分，推进我国文化事业的现代化发展，才能以更多类型、更高质量的文化产品满足各族人民日益增长的精神文化需求，丰富人民的日常精神文化生活。①当代粤商文化的形成是一个不断运动、变化和发展的动态过程。随着社会的不断发展变化，体现社会经济发展的文化也不断发生变化，构成一个永不停歇、螺旋上升的动态过程。当代粤商文化形成机制建设融静态与动态于一身，且更关注当代粤商文化形成过程的动态功能，从而更加深刻地揭示在改革开放的实践中马克思主义基本原理与中华优秀传统文化相结合的内在规律。

第二节　当代粤商文化形成机制的逻辑

一、当代粤商文化形成的四个机制

探讨当代粤商文化形成机制，可从不同角度出发。从结构层次入手，分析当代广东商贸行业劳动者在改革开放实践中不同层次的结构

---

① 刘宗灵. 中华民族现代文明与中华民族共同体的三维契合向度：基于习近平文化思想的整体性审思 [J]. 社会科学辑刊，2024（01）：42-50.

要素及其关联性变化，可将其分为外在机制和内在机制等；从当代粤商文化形成的主体入手，分析主体认知结构对当代粤商文化产生的影响及其规律性变化，可将其分为文化传承机制、文化发展机制、文化形成机制等；从认识论角度出发，分析外部环境推动与内在自觉发展之间双向建构和互动对当代粤商文化形成的作用，可将其分为认知机制、习惯的养成机制、信仰机制和行为机制等；从系统论角度出发，将当代粤商文化的形成视作一个系统的发展过程，可将其分为发生机制、运行机制，或动力机制、保证机制等。民众正是通过对个体和社会文化需要满足的综合评价，才形成对文化价值的判断，形成自己的文化认同，最终树立文化自信。①本书基于当代粤商文化形成的过程逻辑视角，重点研究总结经验机制、养成习惯机制、提炼观念机制和形成文化机制。

以总结经验为基础。在改革开放中形成当代粤商文化的过程是一个"以实践经验为导向"的过程。一方面，当代粤商需要将在改革开放中的行为活动内化为指导生产生活的实践经验；另一方面，当代粤商也需要以主体自觉发展为出发点，在具体的行为活动中检验和体验这些实践经验。前者使当代粤商体验并检验当代粤商文化形成的成效，后者使当代粤商体验并生发当代粤商文化形成的动力。本书谈论的总结经验包含上述两层意思，是当代粤商文化形成的基础内容和必经环节。基于此，"总结经验"要融涵经验的直接性和获得性，也要兼顾行动的规范性和目的性。当代粤商文化形成机制视域下的总结经验又与一般意义的总结经验有所不同，此经验除有习惯认同这一层意蕴之外，更多的是理性升华和德行修养。也就是说，最终感受到和获得的更多的是习惯和信念上的提升。具体而言，当代粤商文化形成机

---

① 高文珺. 社会心理学视域下文化需要满足与文化自信提升研究［J］. 社会科学辑刊，2024（01）：105-112.

制视域下的总结经验，旨在突出主体的直接活动、感悟和行动实践，通过行为经验的总结、实践活动的开发、相关情境的验证，引导广东商贸行业劳动者在行为规制中、活动情境中和现实场域中产生深刻的实践经验体会，不断加深对当代粤商文化的认识和理解，并逐渐使对当代粤商文化的认识提高到一定的高度。

以养成习惯为中介。当代广东商贸行业劳动者在改革开放的过程中经过长期实践养成了有利于我国社会主义建设事业和当代粤商自身发展的特定习惯。这些习惯的养成不仅与个体密切相关，还与人类社会的发展息息相关，是推动社会变革的重要力量。因此，我们研究当代粤商文化形成机制，必须高度重视养成习惯对当代粤商价值观形成和发展的重大影响。如何剖析当代广东商贸行业劳动者在改革开放中养成的习惯，就成为亟待解决的理论与实践问题。基于此，当代广东商贸行业劳动者在改革开放中养成的生产和生活习惯，就是他们形成的一种肯定性感受和验证。这种肯定性感受和验证是建立在当代粤商进步和发展需要的基础上的。这种习惯养成机制，就是以满足当代粤商需要为核心，在当代广东商贸行业劳动者的实践经验总结和提炼观念之间架通桥梁，推动当代粤商和社会各界人士对当代粤商文化产生积极、肯定感受和态度的制度体系和运行方式。

以提炼观念为引领。在当代粤商文化形成过程中，习惯的养成起到很重要的作用，但是习惯的养成是在与观念的提炼的统一中，对创造认识起作用的。习惯的养成和观念的提炼是对应性的概念，在当代粤商文化形成中是相关和互补的关系。一方面，习惯养成需要观念提炼的控制，缺乏观念提炼的习惯养成与动物的本能无异；另一方面，观念提炼需要习惯养成的激发，"动之以情，方能晓之以理"，二者紧密相连。当代广东商贸行业劳动者的习惯养成中有观念提炼的影响，观念提炼又渗透着习惯养成的因素。因此，习惯养成和观念提炼相互作用。在养成习惯的中介作用基础上，当代粤商文化形成机制中的提炼观念既承接总结经验得来的认识，又实现情理交融，优化人们的认识，保证形成文化建立于习惯养成和观念提炼的基础之上，发挥着重要的引领作用。

当代粤商文化形成必须实现观念的提炼。客观来说，当代广东商贸行业劳动者在改革开放中养成的习惯更多来源于感受和实践验证，具有强烈的自发的特点。而自觉则意味着人们对当代粤商文化具有充分的自知，认识到当代粤商文化形成机制是经过自身自觉思考的"好"的价值观。

从自发到自觉的转化过程中，就特别需要发挥观念提炼对习惯养成的调控作用，使习惯的养成既不是盲目冲动的，也不是无所约束的，而是保持在合理范围内，从而更好也更有效地推动人们认识的发展，促进人们对当代粤商文化形成机制由自发向自觉跃升。而这种观念的提炼，是当代广东商贸行业劳动者在改革开放的实践过程中完成的，离不开马克思主义基本理论的重要指导，也离不开中华优秀传统文化的滋养。世界各个国家和民族的独特发展道路是依据其不同的基本国情、文化特性和历史基因形成的。①在改革开放的过程中，当代粤商常常通过深刻理解和把握马克思主义基本理论，用马克思主义来武装头脑，并从中华优秀传统文化中寻求解决具体问题的策略，进而克服自发性的各种局限。

当代粤商文化形成机制必须强化当代广东商贸行业劳动者在改革开放过程中观念的提炼，推动当代粤商文化由经验向观念转变，而且使这种转变更加理性。这是当代粤商文化形成机制能够获得其根本意义的主体根据。具体而言，提炼观念需要在习惯的养成基础上实现三

---

① 王双印. 习近平文化思想形成的大历史观逻辑 [J]. 深圳大学学报（人文社会科学版），2023, 40（06）: 5-13.

个超越。第一，超越习惯的养成的分散性而达到整体性把握。有时人们的习惯的养成认同仅仅是一种关系中、一种情境下的认同，当代粤商文化形成机制要将这种分散性、点位式的习惯的养成认同上升为整体性、系统性的观念。第二，超越习惯的养成的浅层性而达到深层次理解。当代粤商文化形成的基础是总结经验，总结经验具有直接性、繁杂性和浅层性特点。通过这些总结经验形成的习惯的养成认同也具有一定的浅层性。当代粤商文化形成过程中的提炼观念机制是促进人们突破浅表认识、进行深入理解和探索的重要方式。第三，超越习惯的养成的矛盾性而达到圆融性理解。不同的个体由于自身价值观念和所感受的经验等条件的不同，对于不同价值现象、价值观念和价值事实也有着不同的习惯的养成和理解，甚至出现相互抵牾、相互矛盾。"研究任何过程，如果是存在着两个以上矛盾的复杂过程的话，就要用全力找出它的主要矛盾。捉住了这个主要矛盾，一切问题就迎刃而解了。"①当代粤商文化形成过程中的提炼观念机制重在推动人们在化解矛盾性认识基础上形成圆融性理解。简言之，提炼观念既是从总结经验、习惯的养成认同到形成文化的螺旋式上升过程，也是避免总结经验与习惯的养成认同环节走偏的一个统御因素，当代粤商唯有经过提炼观念才能超越习惯的养成，实现当代粤商文化的形成。

以形成文化为指向。一般来说，被养成者接受了当代粤商文化形成机制的内容，并转化为自觉行动，当代粤商文化形成过程便告一段落，但巩固和发展这一基础，仍需要进一步的艰苦工作。行为习惯的形成不是终点，由行为习惯跃升为道德品质才是当代粤商文化形成的落脚点。因此，形成文化是当代粤商文化形成机制的最终指向。当代粤商文化形成过程的最后环节及其机制是当代广东商贸行业劳动者在

---

① 毛泽东. 毛泽东选集：第一卷［M］. 北京：人民出版社，1991：322.

改革开放实践中养成的习惯及其与当代粤商文化形成的关系。习惯，由人们在实践中反复训练强化而来并成为个体内在需要的行为方式，是一种不假思索的行为。"只有那些已经深入文化、深入日常生活和成为习惯的东西，才能算作已达到的成就。"①这表明行为习惯发挥着重要作用。文化是群体行动时所表现出来的稳固的倾向与特征。美德则是文化中积极的表现。亚里士多德说："德性非生于天性，但也不违反天性。自然给我们以获得德性的才能，这种才能是由于习惯而完善的。"在他看来，美德的形成有两个重要基础，即先天的自然形成的和后天的习惯。因此，文化的形成也有先天的自然禀赋和后天的行为习惯。文化生于天性，成于习惯。在这里，文化是群体养成的习惯的凝结与升华。习惯的形成不是当代粤商文化形成机制的终点。由当代广东商贸行业劳动者在改革开放中养成的习惯跃升为当代粤商文化形成，才是当代粤商文化形成机制的落脚点。概而言之，形成文化的本质在于既要养成行为习惯，也要养成内在稳定的美德，达成一种"随心所欲不逾矩"的状态。当代粤商文化形成机制是一个循环往复的发展过程，是在当代粤商现有思想意识、行为表现，与不断形成的更高的道德要求与认识、达成的更高层次的思想境界和行为方式间的契合–不契合、均衡–非均衡的调整中循环曲折地发展的。

综上，当代粤商文化形成机制就是以当代广东商贸行业劳动者在改革开放中的实践经验为基础，以养成行为习惯为中介，以提炼观念和形成地方特色文化为目标，综合运用过程调控、系统整合和效果强化的制度体系和运行方式。那么，要形成什么样的地方特色文化呢？主要包括以下三个方面：一是有利于引领观念。引领观念的前提是亮

---

① 中共中央马克思恩格斯列宁斯大林著作编译局. 列宁选集：第四卷［M］. 北京：人民出版社，2012：785.

出鲜明的旗帜。当代粤商文化要引领广东商贸行业从业人员具备敏锐的观察能力和严密的推理能力，以见微知著的洞察力对各种观念和思潮进行客观、辩证的分析、综合、比较、分解和抽象，在多元复杂的观念体系中去粗取精、正本清源。二是有利于汲取美德。当代粤商文化要能够正确处理社会道德体系中一元与多元的关系，尊重社会思潮的多样性和差异性，并有能力汲取其中的美德和社会思潮中的合理养分，将其整合进当代广东商贸行业劳动者的行为习惯中，形成新的、积极稳定的当代粤商文化观念体系。当代广东商贸行业劳动者的思维日益活跃，接受新事物的能力不断增强。这也意味着当代广东商贸行业劳动者的道德体系具有一定的不稳定的特点。为此，当代粤商文化必须具有从新事物中汲取美德和调节习惯的能力，在多变的社会环境中产生观念冲突时，才能不断进行美德约束、反思、完善与超越，从而维护核心价值观念的方向性与稳定性。三是有利于文化自信。当代粤商文化促使当代广东商贸行业劳动者能够正确处理社会思潮中精华与糟粕的关系，坚决抵制并摒弃社会思潮中腐朽、落后、消极的思想，从根源上发现并揭露其危害。从"一个结合"到"两个结合"的话语表达突出体现了我们党对马克思主义和中华优秀传统文化关系的深刻认识，充分彰显了我们党高度的文化自信和强烈的文化担当。[①]因此，在推广实践经验的过程中，当代粤商文化能够提升广东商贸行业从业人员的文化自信。

二、当代粤商文化形成机制的螺旋上升

基于前文分析，我们认为当代粤商文化形成的总结经验机制、养成习惯机制、提炼观念机制、形成文化机制整体呈现螺旋上升、相互交织、持续发展的逻辑关系。揭示它们之间的关系，对于进一步把握

---

① 贾钢涛. 自我革命与"第二个结合"[J]. 思想战线，2024，50（1）：24-30.

当代粤商文化形成机制具有重大意义。

当代粤商文化形成机制呈现螺旋上升的逻辑关系。螺旋式上升是指事物发展过程中在总体方面呈现向上发展，而在具体进程中也会面临一些曲折，从而呈现出一种迂回曲折的前进运动。这种运动的最大特征就是波浪式、周期性。正如列宁所指出的："发展似乎是在重复以往的阶段，但它是以另一种方式重复，是在更高的基础上重复（'否定的否定'），发展是按所谓螺旋式，而不是按直线式进行的。"[①]从逻辑关系中可以看出，当代粤商文化形成机制呈现出螺旋上升的特点。这主要表现在两个方面：一是总的趋势是上升的。在当代粤商文化形成机制中，形成文化是最终指向。因此，当代粤商文化形成的各个机制按照一定的顺序和步骤逐渐提升。总结经验机制是基础，在观念的交融中共同指向形成文化，这表现为一种层层递进、不断上升的过程。在这个层层递进的发展过程中，每个机制都为个体的形成文化创造条件，提供必要的支撑。二是发展的过程是迂回曲折的。在当代粤商文化形成过程中，往往有各因素或螺旋式或波浪式的同时作用，呈现出纷繁复杂的状况，这一过程中多个因素相互牵扯、纵横交错，导致任何一个环节和因素都可成为下一环节的起始。由于对象自身状况、实践突发情况等多种原因，会发生各个机制之间不能较好地协同运行、互相转化的情况。比如，有些群体通过总结经验不一定能形成一定的习惯养成和观念提炼，而需要在原有的基础上继续重复这一过程，直到形成能够支撑人们形成文化的习惯养成和观念提炼才算结束。因此，在养成最后的行为习惯和道德品质之前，往往要经历多次且重复的总结经验、习惯养成和观念提炼的运行过程。但是这种重复并不是简

---

① 中共中央马克思恩格斯列宁斯大林著作编译局. 列宁选集：第二卷 [M]. 北京：人民出版社，2012：423.

单、机械的重复，而是超越原有阶段的更高层次的重复。

当代粤商文化形成机制呈现相互交织的逻辑关系。在当代粤商文化形成机制中，总结经验、养成习惯、提炼观念和形成文化四个机制相互交织、有机统一。这表现在两个方面：一是相互联系、相互作用。从当代粤商文化形成发展过程来看，总结经验能够增强习惯的养成，同时也加深提炼观念，习惯的养成和观念的提炼又分别对总结经验起着深化完善、统御调控的作用。养成习惯和提炼观念又相互交融，在推动彼此发展的同时指向形成文化。基于此，四个机制之间也存在相互联系、相互促进的关系，这种作用关系是相互依赖而又相互制约的。相互依赖体现为，四个机制之间彼此互为条件、不可分离。例如，养成习惯机制和提炼观念机制深度交融、相互作用，在总结经验机制和形成文化机制之间发挥中介作用。同时，仅仅依靠总结经验或养成习惯或提炼观念任何一个机制，是难以达成当代粤商文化形成的最终目标的。相互制约体现为，如果任何一个机制出现问题，与其相关的机制也会受到影响，整个当代粤商文化形成机制的运行就必然会偏离方向或阻滞发展。二是分工合作、有机统一。总结经验机制、养成习惯机制、提炼观念机制、形成文化机制之间存在着一种分工、合作的关系，一个机制的运行以另一个机制为基础，其中一个机制发挥主要作用结束后，下一个机制会继续发挥作用并推动当代粤商文化形成过程的整体演进。仅仅依靠其中某个机制发挥作用，当代粤商文化形成是难以实现的。这表明当代粤商文化的形成遵循了"两个结合"的科学规律。中华优秀传统文化同科学社会主义价值观的契合并非仅仅是抽象的逻辑可能，而是以中国特色社会主义道路所开创的社会现实为实践场域。①四个机制在当代粤商文化形成整体视域中具有

---

① 马军. 中华优秀传统文化与科学社会主义价值观高度契合 [J]. 人民论坛，2023（24）：89-91.

不同的职能分工，各司其职，并且为了达到相同的当代粤商文化形成目标而相互配合、相互促进，从而最大限度形成合力，实现当代粤商文化形成的整体功能和发展成效。

当代粤商文化形成机制呈现持续发展的逻辑关系。当代粤商文化形成机制在趋势和方向上已经呈现出一种由简单到复杂、由低级向高级的演变趋势。所谓持续发展，意在指向未来。当代粤商文化形成机制内含"持久性"，这种持久性要求当代粤商文化形成机制持续发展、持久稳定。当代粤商文化形成机制既表征为动态过程，又体现为静态成果。一方面，行为习惯和道德品质的建立本就需要长时间培育，不能一蹴而就，因此，当代粤商文化形成机制相互作用、螺旋上升的过程会在一定历史阶段持续进行。这个过程并不会因为形成文化机制的运行而结束，相反会由于新的行为习惯和观念、美德的形成而开始更高层次的发展过程，推动当代粤商文化形成机制的持续运行。另一方面，受社会历史条件的制约和社会文明的发展和传播的影响，当代粤商文化形成的结果体现为多方面、多层次。如果不从形成过程看，而是从体系结构上思考，当代粤商文化形成机制应成为个体一套完整的信仰体系、积极的精神品质、协调的心理结构和稳定的行为模式。同时，还要在关系视域中外化为一套符合当代粤商文化形成机制要求的社会交往模式、社会关系结构和社会交往活动。当代粤商文化形成过程是一个持续内化和表现中华优秀传统文化资源的过程。中华优秀传统文化作为一种特定的文化资源，具有多重维度的资源禀赋构造。[①]这会延长当代粤商文化形成机制的持续发展过程，也会使当代粤商文化引导当代广东商贸行业劳动者行为的作用周期更长。因此，当代粤商文化形成机制的深化发展、拓展延伸过程的持续，不仅要关涉当代

[①] 武萍，冷晓航. 中华优秀传统文化产业化对共同富裕的赋能作用探析 [J]. 青海民族大学学报（社会科学版），2023（04）：1-10.

粤商个体与群体的发展维度，还要勾连生产生活的社会整体导向维度，既要凸显由内而外的主体自觉行动逻辑，也要关注从外而内的环境推动逻辑的必要性。

当代粤商文化形成机制的四个阶段，既源于表层的总结经验和养成习惯，又涵摄着深层的提炼观念和形成文化；既呈现出相互连贯、首尾承接、环环相扣的发展态势，又是一个各有分工、各有侧重、复杂联动的有机整体。上述四个机制螺旋式上升、交互式作用、持续性发展，协同推进当代粤商文化形成机制的实现。当代粤商文化的形成机制有赖于持续、正向、积极的实践经验总结机制作支撑。形成当代粤商文化的实践经验总结机制包括外部趋势认知、实践行动感知、实践经验检验。其中，外部趋势认知是当代粤商文化形成的基础。当代粤商对外部环境变化趋势的认知，特别是对改革开放的认知及历史机遇的认知是推动当代粤商文化形成的基础。当代广东商贸行业劳动者对改革开放推动经济发展有了认知之后，充分发挥广东临近港澳地区等优势开展经济贸易活动，促进广东经济持续快速发展。进入21世纪之后，广东抓住产业转型升级的机遇，进一步推动经济继续高速增长。当代广东商贸行业劳动者投身改革开放的过程是认知改革开放等外部环境变化趋势的过程，也是当代粤商文化逐渐成熟的过程。因此，当代粤商对改革开放外部环境变化趋势的认知是推动当代粤商文化形成的基础。实践行动感知是当代粤商文化形成的核心。当代广东商贸行业劳动者通过生产经营实践切实地感知了当代粤商文化。当代广东商贸行业劳动者的生产经营活动符合认知体验、活动体验和交流体验，推动人们对当代粤商文化的理解和认识发生飞跃，激发人们在行动过程中对当代粤商文化产生积极情感和正确认知。

第六章

新时代当代粤商文化的建设路径

在新时代，我们应该如何建设当代粤商文化呢？在新时代发生的历史性变革、取得的历史性成就有力地证明，要实现中华民族伟大复兴，需要坚实的物质基础，更需要强大的精神力量作支撑。①首先，我们需要立足于新时代的历史方位，深入探索在当代粤商生产经营活动中积极培育和践行社会主义核心价值观的具体做法。当代广东商贸行业劳动者作为当代粤商文化建设的主体，应该在生产经营活动和生活中弘扬和践行社会主义核心价值观。其次，我们需要从传承中华优秀传统文化的角度出发，探索、推动广东商贸行业开展中华优秀传统文化创造性转换和创新性发展。习近平总书记强调："在新的起点上继续推动文化繁荣、建设文化强国、建设中华民族现代文明，是我们在新时代新的文化使命。"②这需要我们挖掘广东商贸行业中的中华优秀传统文化的时代价值，然后以创新的方式将其融入当代广东商贸行业劳动者生产、经营和生活中。在建设当代粤商文化的过程中，我们必须学习、贯彻和宣传习近平文化思想，立足于广东商贸行业的实际情况，用习近平文化思想凝心铸魂。

第一节　社会主义核心价值观的培育和践行

一、当代粤商文化与社会主义核心价值观

社会主义核心价值观是当代粤商文化最深层的内核，决定着当代粤商文化的社会主义性质和未来发展方向。习近平总书记在党的十九大报告中指出："社会主义核心价值观是当代中国精神的集中体现，凝结着全体人民共同的价值追求。"在当代粤商文化形成过程中，社

---

① 石海君. 用社会主义核心价值观铸魂育人的本质意蕴、显著成就与实践路径 [J]. 思想理论教育，2024（01）：56-62.
② 习近平. 在文化传承发展座谈会上的讲话 [J]. 求是，2023（17）：4-9.

会主义核心价值观起着引领作用，激励着广大当代广东商贸行业劳动者积极投身于中国特色社会主义建设事业，为实现中华民族伟大复兴的中国梦贡献力量。通过弘扬和践行社会主义核心价值观，可以引导当代广东商贸行业劳动者树立正确的商业道德观念，坚守诚信，追求可持续发展。商业活动朝着更加规范、有序的方向发展，为社会和谐稳定和经济繁荣作出积极贡献。社会主义核心价值观为当代粤商文化发展注入了新的活力，使其更加符合新时代发展的要求。

当代粤商文化是在改革开放的大潮中崛起的一种地方商贸行业的文化。在改革开放过程中，当代广东商贸行业劳动者始终坚持诚信经营、守法经营、创新发展的原则，为广东乃至全国的经济发展作出了巨大贡献。当代广东商贸行业劳动者在生产经营过程中既继承了中华民族传统的商业智慧，又吸收了世界各国先进的经营管理理念，在实践中逐步形成了当代粤商文化。正是在这样的时代背景下，当代广东商贸行业劳动者自觉地弘扬和践行社会主义核心价值观，将其融入企业的发展战略、管理制度、生产经营和个人生活之中，积极参与国家经济建设，为实现全面建设社会主义现代化国家的宏伟目标贡献自己的力量。党的十六届六中全会提出"建设社会主义核心价值体系"的内容，党的十七大将这一内容首次写入报告。在此基础上，党中央也在思考如何更好地凝练这一表述，使其具有逻辑科学、表述简练、内容丰富等特点。党的十八大以核心价值体系为基础和前提，在同一范畴和体系下，概括提出社会主义核心价值观。党的十九大报告中再次凸显社会主义核心价值体系的重要性，将其作为十四条基本方略的内容，就新时代背景下如何培育和践行社会主义核心价值观的具体举措，进行系统规划。此后，十三届全国人大一次会议通过了在《中华人民共和国宪法》（修正案）中增加"国家倡导社会主义核心价值观"的决议，为培育与践行社会主义核心价值观提供法治保障。党的十九届四中全会特别强调坚持以社会主义核心价值观引领文化建设的制度，并对这一制度的具体内容进行阐述。习近平总书记在党的二十大报告中指出："社会主义核心价值观是凝聚人心、汇聚民力的强大力量。弘扬以伟大建党精神为源头的中国共产党人精神谱系，用好红色资源，深入开展社会主义核心价值观宣传教育，深化爱国主义、集体主义、社会主义教育，着力培养担当民族复兴大任的时代新人。推动理想信念教育常态化制度化，持续抓好党史、新中国史、改革开放史、社会主义发展史宣传教育，引导人民知史爱党、知史爱国，不断坚定中国特色社会主义共同理想。用社会主义核心价值观铸魂育人，完善思想政治工作体系，推进大中小学思想政治教育一体化建设。坚持依法治国和以德治国相结合，把社会主义核心价值观融入法治建设、融入社会发展、融入日常生活。"

加强社会主义核心价值观的教育是当代粤商文化建设的基础性工作。党的十九大报告中指出："发挥社会主义核心价值观对国民教育、精神文明创建、精神文化产品创作生产传播的引领作用。"社会主义核心价值观是我国社会主义建设的精神支柱和行动指南，对于当代粤商文化的建设具有重要的指导意义。首先，社会主义核心价值观强调了富强、民主、文明、和谐等价值理念。中国共产党在百年立德树人进程中，始终在"不变"的前提下创新求"变"，其一脉相承之处在于坚持为党育人和为国育才与培养全面发展的人相结合；层层递进地提倡树立社会主义道德、社会主义核心价值观和马克思主义信仰；同时践行教育与生产劳动和社会实践相结合的教育途径、全面培养的教育体系和学校家庭社会协同的保障机制。[①]这些科学方法为当代粤商文化的形成与发展提供了坚实的基础。在生产经营和生活活动中，社

---

① 朱旭东，刘乔卉."不变"中求"变"：中国共产党立德树人百年发展经验探赜[J]. 中国远程教育，2024，44（01）：3-14.

会主义核心价值观引导当代粤商坚持诚信经营，追求经济效益的同时也注重社会效益，积极参与社会公益事业，为建设富强、民主、文明、和谐的社会作出贡献。其次，社会主义核心价值观强调了自由、平等、公正、法治等价值观念。这些价值观念对于当代粤商文化的建设具有重要的引领作用。在商业活动中，社会主义核心价值观引导当代粤商尊重市场规律，保护公平竞争的环境，遵守法律法规，维护消费者权益，实现企业与社会的共赢发展。最后，社会主义核心价值观强调了爱国、敬业、诚信、友善等价值准则。这些价值准则对于当代粤商文化的传承和发展具有重要意义。当代广东商贸行业劳动者作为我国经济建设的一支重要力量，应该树立正确的国家观和民族观，积极投身于国家的经济建设和社会事业中，传承和弘扬中华民族的优秀传统文化，为中华民族伟大复兴贡献力量。社会主义核心价值观把涉及国家、社会、公民的价值要求融为一体，在成为广泛的社会共识、内化为人们的精神追求、外化为人们自觉行动的前提下，社会主义核心价值观才能真正发挥其强大作用。[①]只有通过不断强化社会主义核心价值观的教育，才能够培养出具有正确价值观的当代广东商贸行业劳动者群体，进而推动当代粤商文化的繁荣发展，为中国特色社会主义事业作出更大的贡献。

社会主义核心价值观发挥凝聚人心、汇聚力量、明确方向的作用，直接决定当代粤商文化的主要内容，指引当代粤商文化建设的总趋势。习近平总书记指出："如果没有共同的核心价值观，一个民族、一个国家就会魂无定所、行无依归。"[②]社会主义核心价值观作为中国特色社会主义的精神支柱和道德基石，对于当代粤商文化建设具有

---

① 王秋. 习近平文化思想的问题导向、核心要义、实践要求与理论特质［J］. 长白学刊，2024（01）：146-156.
② 中共中央文献研究室. 十八大以来重要文献选编：中［M］北京：中央文献出版社，2016：133.

重要的指导意义和引领作用。首先，社会主义核心价值观凝聚人心，强调了共同的价值追求和信仰体系，使当代广东商贸行业劳动者在共同的价值观指引下团结一心、共同发展。其次，社会主义核心价值观汇聚力量，鼓励当代广东商贸行业劳动者积极投身社会公益事业和社会责任实践，形成合力推动社会进步和发展。最后，社会主义核心价值观明确了发展方向，为当代粤商文化建设提供了明确的目标和路径，引导当代广东商贸行业劳动者坚持正确的价值导向，不断提升自身素质和能力。社会主义核心价值观对当代粤商文化建设的直接影响体现为其成为当代粤商文化的核心内容。在新时代背景下，当代广东商贸行业劳动者应当深入学习和贯彻社会主义核心价值观，将其融入企业文化建设中，以培育和践行社会主义核心价值观为重要任务，推动企业文化的健康发展。同时，社会主义核心价值观也为当代粤商文化建设指明了前进方向。当代广东商贸行业劳动者应当积极响应国家号召，积极参与社会主义现代化建设，为实现中华民族伟大复兴的中国梦贡献力量。

二、社会主义核心价值观对当代粤商文化建设的作用

在当代粤商文化建设过程中，社会主义核心价值观内化于心、外化于行，需要当代广东商贸行业劳动者全面、持续、系统地践行。社会主义核心价值观对当代粤商文化具有引导作用，引导当代粤商文化向更加符合社会主义核心价值观要求的方向发展。在当代粤商文化的构建过程中融入社会主义核心价值观，能够引导当代粤商文化向更加健康、文明、向上的方向发展。社会主义核心价值观作为当代中国社会的价值取向，是全体公民必须遵循的基本道德准则，其同时也是构建社会主义和谐社会的基石。社会主义核心价值观对当代粤商文化建设的引导作用表现为社会主义核心价值观影响广东商贸行业劳动者行

为。在个体实践活动中，社会主义核心价值观指导作用的发挥，受到生活经验的影响。①因此，在当代粤商文化建设中融入社会主义核心价值观的要求具有重要的现实意义。

第一，社会主义核心价值观作为当代中国社会的核心价值体系，包含了民族精神、时代精神等多个方面，为当代粤商文化的传承和发展提供了有力的指导。在当前社会，民族精神作为中华民族的精神支柱，是全体中华儿女共同的精神家园。

将社会主义核心价值观融入当代粤商文化，有助于弘扬民族精神，增强当代粤商文化的凝聚力和向心力。社会主义核心价值观为当代粤商文化的传承和发展提供了明确的方向。民族精神是社会主义核心价值观的重要组成部分，其强调的是团结、和谐、爱国等价值观念。这些价值观念正是当代粤商文化所倡导的精神内核。

将社会主义核心价值观融入当代粤商文化，可以引导当代广东商贸行业劳动者始终坚持民族精神，为中华民族的繁荣发展贡献力量。践行社会主义核心价值观有助于提升当代粤商文化的国际影响力。在全球化背景下，当代广东商贸行业劳动者作为中国经济的重要代表，其文化影响力日益扩大。

将社会主义核心价值观融入当代粤商文化，可以提升广东商贸行业在世界舞台上的竞争力。广东商贸行业劳动者通过传播当代粤商文化，也有助于让世界更好地了解和认识中国，推动中外文化交流与互鉴。社会主义核心价值观为当代粤商文化的发展提供了坚实的内容。这些正是当代粤商文化建设过程中需要关注的重点。

第二，在当今社会，社会主义核心价值观已成为我国全体公民共同遵循的行为准则，有助于引导当代粤商树立正确的义利观，秉持诚

---

① 刘莹，卜德龙，盛红梅，等. 社会主义核心价值观融入日常生活的路径探索[J]. 西部学刊，2023（24）：13-16；29.

信经营的原则，推动经济社会的可持续发展。在当代粤商文化中融入社会主义核心价值观，有助于提升当代广东商贸行业劳动者的社会责任感和使命感，推动当代广东商贸行业劳动者在商业活动中更加注重社会效益，实现社会效益与经济效益的统一。培育和践行社会主义核心价值观关键要落实在日常行动上、生活上。①在实践中，当代粤商文化可以通过多种方式将社会主义核心价值观融入其中。例如，广东商贸行业劳动者可以在企业文化中融入社会主义核心价值观，通过举办企业文化培训、公益活动等，将社会主义核心价值观贯穿于企业各个层面，有助于引导当代粤商文化向更加健康、文明、向上的方向发展。因此，当代粤商文化建设应遵循社会主义核心价值观，并注重对社会主义核心价值观的传承与创新。

第三，当代粤商文化应注重传承社会主义核心价值观的基本精神，将社会主义核心价值观融入当代广东商贸行业的各个层面，如商业伦理、企业文化、社会责任感等。这需要当代广东商贸行业劳动者在商业实践中自觉遵循社会主义核心价值观，发挥其在商业活动中的指导作用。在当代粤商文化的构建过程中，社会主义核心价值观的引领和塑造具有至关重要的作用。爱国主义是社会主义核心价值观的重要组成部分，是当代粤商文化建设的重点。当代广东商贸行业劳动者的生产经营活动始终建立在对祖国和对家乡的深厚感情的基础上。因此，当代粤商文化建设应强调爱国爱乡的精神，将家国情怀融入商业实践中，为国家和民族的发展贡献自己的力量。集体主义作为社会主义核心价值观的核心理念之一，强调个体利益应服从集体利益。在建设当代粤商文化的过程中，应充分体现集体主义价值观，注重企业与员工、股东、供应商等利益相关方的和谐共处，共同分享企业发展带

---

① 陈志刚. 中国特色社会主义文化建设规律认识的新高度［J］. 人民论坛，2023（23）：22-26.

来的成果。社会公德是社会主义核心价值观的重要内容，要求个体在公共生活中遵循社会规范，培养良好的道德品质。当代粤商文化倡导诚信经营、公平竞争、尊重知识产权、保护消费者权益等社会公德，以树立当代广东商贸行业劳动者的良好形象。当代粤商文化建设应该融入诚信和友善等社会主义核心价值观。诚信是商业活动的基石，友善则是人际交往的基本准则。诚信经营是商业活动中最重要的行为准则之一，其是指商家在商业活动中应该遵循诚实守信的原则，不得欺骗消费者，不得侵犯消费者权益，不得进行虚假宣传等。在当代粤商文化中，诚信经营是商业活动的基本准则，商家应时刻保持诚信，遵守商业道德规范，建立良好的商业信誉。当代粤商文化应将诚信和友善贯穿于商业活动的全过程，以诚信经营为前提，树立当代广东商贸行业劳动者的信誉；以友善待人，促进商业合作和共同发展。社会主义核心价值观是当代中国社会的精神指引，对于推动当代粤商文化的健康发展具有积极的指导作用。将社会主义核心价值观的行为准则融入广东商贸行业劳动者生产经营行为中，是推动当代粤商文化建设的关键。

第四，当代粤商文化应注重创新社会主义核心价值观的表现形式，使其更符合当代粤商文化的特点和实际需求。例如，在当代粤商文化中，可以将广东地区的优秀传统文化，如岭南画派、粤剧、粤菜等元素与社会主义核心价值观相结合，形成具有当代粤商文化特色的社会主义核心价值观表达方式。岭南画派是广东地区独有的艺术形式，以独特的技法和表现手法，展现了广东地区的自然风光、人文景观和社会生活。将社会主义核心价值观与岭南画派相结合，可以创作出具有鲜明当代粤商文化特色的艺术作品，既体现了社会主义核心价值观的精神内核，又展现了当代粤商文化的独特魅力。形成具有当代粤商文化特色的社会主义核心价值观表达方式，有助于推动社会主核心价值观在当代粤商文化领域的深入传播和实践，为实现中华民族伟大复兴的中国梦提供强大的精神动力。粤剧作为广东地区独有的戏曲形式，具有深厚的历史和文化底蕴，是广东地区文化的重要组成部分。在新时代背景下，将社会主义核心价值观与粤剧相结合，创作出具有当代粤商文化特色的戏曲作品，不仅可以弘扬社会主义核心价值观的精神内核，还可以展现当代粤商文化的独特魅力，促进广东地区文化的发展。例如，在《白蛇传》这部经典粤剧中，"敬业、诚信、友善"等社会主义核心价值观贯穿其中，故事情节更加贴近现实，让观众在欣赏戏曲的同时，也能够深刻领悟到社会主义核心价值观的精神内核。《富贵逼人》这部作品将粤剧的唱腔、音乐、舞蹈等元素与当代粤商文化的商业理念相结合，通过展现一位商人如何通过诚信经营、创新思维，最终获得成功的故事，让观众在欣赏戏曲的同时，也能够学到商业理念。在新时代背景下，我们需要在继承和发扬粤剧传统文化的基础上，注重创新，将社会主义核心价值观与粤剧相结合，创作出更多具有时代感和现实意义的优秀作品，为粤商文化的发展作出更大的贡献。

在当代粤商文化中融入社会主义核心价值观的要求，有助于引导当代粤商文化向更加健康、文明、向上的方向发展。当代粤商文化建设要注重创新社会主义核心价值观的表现形式，使其更符合当代广东商贸行业的特点和实际需求，这样才能更好地推动广东商贸行业劳动者弘扬和践行社会主义核心价值观，为实现中华民族伟大复兴的中国梦提供强大的精神动力。根据唯物主义历史观，任何社会事物的发展过程以及历史事件的演变都受到具体的生产力和生产关系的形成和发展的支配。因此，我们在研究当代粤商文化建设过程中弘扬和践行社会主义核心价值观时应该遵循历史唯物主义的基本逻辑进行深入探讨。深刻领悟社会主义核心价值观的形成是我国几千年历史的积淀，是中华优秀传统文化的具体体现。这一观点体现了对我国悠久历史和文化传统的尊重，同时也彰显了社会主义核心价值观在历史发展中的重要地位。在当代粤商文化建设过程中，社会主义核心价值观成为引领广东商贸行业劳动者的道德准则和行动指南。新时代要求广东商贸行业劳动者在实践中弘扬和践行社会主义核心价值观，使当代粤商文化更加符合时代发展的要求。

第二节　广东商贸行业的"双创"

一、广东商贸行业"双创"的意义

习近平同志高度重视中华优秀传统文化的传承与发展。党的十九大报告中指出，要"推动中华优秀传统文化创造性转化、创新性发展"（以下简称"双创"）。推动中华优秀传统文化"双创"是建设当代粤商文化的重要路径。立足于中华优秀传统文化沃土，才能铸就当代粤商文化新辉煌。中华优秀传统文化源远流长，承载着丰富的历史积淀和智慧结晶。"双创"既是建设当代粤商文化应遵循的重要方针，也是建设当代粤商文化的重要路径。中华优秀传统文化是中华民族的瑰宝，凝聚着民族的智慧和精神。挖掘和阐发这些文化资源，有助于广东商贸行业劳动者更好地理解和传承中华优秀传统，为建设当代粤商文化提供重要支撑。如何在新时代的文化实践中传承中华优秀传统文化、发展本土文化，无疑是一个关乎长远、切乎大局的问题。①通过深入研究和传承中华优秀传统文化，广东商贸行业劳动者可以汲取其中的精华，丰富和发展当代粤商文化的内涵，使之更具吸

---

① 王学斌. 明体达用、体用贯通的思想体系［J］. 人民论坛，2023（23）：13-17.

引力和影响力。同时，挖掘和阐发中华优秀传统文化还可以增强民族自信和文化自觉，激发广东商贸行业劳动者的文化创造力和创新活力，建设适合时代需要的当代粤商文化。

在中华民族几千年的历史发展长河中，每个时代都有其独特的时代特征和精神风貌。这些时代精神，如同璀璨的明珠，串联起中华文明的发展历程，共同塑造了中华民族的精神面貌。无论是春秋战国时期的百家争鸣，还是秦汉唐宋的繁荣昌盛，抑或是明清两代的民族觉醒，每个时代都有其鲜明的时代特色和价值观念。这些时代精神和价值观念的优秀成分如同历史的瑰宝，被一代又一代的中华儿女传承下来，成为中华民族的精神支柱和道德土壤。这些时代精神和价值观念不断沉淀、积累，逐渐形成了中华优秀传统文化。中华优秀传统文化既包含了儒家的仁爱、忠诚、孝顺等美德，也融合了道家的自然、和谐的理念，更蕴含了法家的法治、秩序、严明等原则。这些都为中华民族的发展提供了源源不断的精神动力和文化支撑。中华优秀传统文化既体现为对家庭、亲情的尊重和珍视，也体现为对国家、民族的忠诚和担当，更体现为对正义的追求和坚守。正是中华优秀传统文化，使得中华民族在世界舞台上屹立不倒，成为具有强大凝聚力和向心力的民族。

在新时代背景下，"双创"为中华优秀传统文化提供了更好的发展空间和展示平台，使其更好地彰显其独特的价值意义，展现出其独特的时代魅力。"双创"也为当代粤商文化建设提供了重要机会，是广东商贸行业劳动者发展的重要动力。习近平总书记在党的二十大报告中明确指出："从现在起，中国共产党的中心任务就是团结带领全国各族人民全面建成社会主义现代化强国、实现第二个百年奋斗目标，以中国式现代化全面推进中华民族伟大复兴。"改革开放以来，中国特色社会主义文化为我国经济社会发展提供了丰富的文化给养和强大的精神动力。中国特色社会主义并非一成不变，而是在不断发展和完善，这对中国特色社会主义文化建设提出了新的要求。这些要求既包括对中华传统文化的传承与发扬，也包括对世界各地先进文化的吸收与融合。在这个过程中，中国特色社会主义文化始终坚持以人民为中心的发展思想，努力满足人民群众日益增长的精神文化需求，为构建社会主义现代化国家提供有力的精神支撑。在新时代背景下，广东商贸行业劳动者要继续深化对中华优秀传统文化的"双创"，紧密结合国家发展的新形势、新任务，不断丰富和发展粤商文化，为实现中华民族伟大复兴而努力奋斗。

中华优秀传统文化作为实现中华民族伟大复兴的文化原动力与文化源泉，具有深远的历史意义和丰富的内涵。在新时代背景下，广东商贸行业劳动者应当赋予中华优秀传统文化新的时代内涵和表现形式，以更好地传承和弘扬中华优秀传统文化。在当代粤商文化建设中开展中华优秀传统文化"双创"，首先要立足于我国的基本国情。这意味着广东商贸行业劳动者要深入研究和挖掘中华优秀传统文化的精髓，将其与广东商贸行业的实际情况相结合，使之更加符合新时代发展的要求。同时，广东商贸行业劳动者还要在中国式现代化建设实践中将中华优秀传统文化的精髓与广东商贸行业生产经营中的现代科技、艺术等元素相结合，促使中华优秀传统文化呈现出勃勃生机。在新时代背景下，当代粤商文化的建设应当自觉融入中华优秀传统文化的"双创"之中，既要在广东商贸行业保持中华优秀传统文化的特色和魅力，又要与时俱进，不断创新和发展。

广东商贸行业劳动者如何在具体的生产经营实践中开展中华优秀传统文化的"双创"？如何让中华优秀传统文化在历经岁月的洗礼之后，依然在广东商贸行业保持着生机和活力？这是当代粤商文化建设需要深入探讨的问题。要解决这些问题，当代粤商文化建设必须遵循

"创造性转化、创新性发展"的原则，从广东商贸行业生产经营实践的源头上深入挖掘和系统整理中华优秀传统文化。这就是我们所说的"浚其泉源"。"泉源"在这里代表了当代粤商文化建设过程中"双创"的母体和本源，也就是广东商贸行业生产经营实践中存在的中华优秀传统文化元素。中华优秀传统文化是当代粤商文化的源泉，是当代粤商文化的根和魂。只有深深地扎根于**中华优秀传统文化**之中，广东商贸行业劳动者才能更好地发展和创新当代粤商文化。然后，当代粤商文化建设要关注的是"流"。这里的"流"强调的是当代粤商文化的走向和道路。在解决好"源"的问题的基础上才能解决"流"的问题，解决好了"流"的问题才能更好地解决"源"的问题。当代广东商贸行业劳动者必须深入挖掘、系统整理历代与广东商贸行业相关的中华优秀传统文化，只有这样，当代粤商文化建设才能从根本上解决"流"的问题，才能在广东商贸行业切实有效地开展中华优秀传统文化的"双创"。

总的来说，广东商贸行业劳动者必须在生产经营实践中开展"双创"，才能促使中华优秀传统文化在历经岁月的洗礼之后依然保持生机和活力。当代粤商文化建设就需要从源头出发，深入挖掘和整理广东商贸行业中的中华优秀传统文化，并以此为基础在广东商贸行业劳动者的生产经营实践中推动"双创"。

习近平总书记指出："要加强对中华优秀传统文化的挖掘和阐发，使中华民族最基本的文化基因与当代文化相适应、与现代社会相协调。"[①]这不仅要求当代广东商贸行业劳动者保护和传承广东商贸行业中的中华优秀传统文化，还要激发其创新精神和创业活力，为中国式现代化和中华民族伟大复兴贡献力量。

广东商贸行业劳动者基于自身生产经营实践挖掘和阐发中华优秀

---

① 习近平. 习近平谈治国理政：第二卷 [M]. 北京：外文出版社，2017：340.

传统文化，是为了让更多的人了解和认识中华优秀传统文化的品质、精神风貌。历代广东商贸行业劳动者以其勤劳节俭、开放包容和坚韧不拔的精神，赢得了广泛赞誉。历代广东商贸行业劳动者在生产经营活动中呈现出的中华优秀传统文化中的诚信经营、敢为人先、勇于创新等品质，是当代广东商贸行业劳动者传承和借鉴的重要文化资源。当代粤商文化建设应当推动广东商贸行业劳动者主动挖掘和阐发中华优秀传统文化，更好地呈现历代广东商贸行业劳动者生产经营理念和人格品质的时代价值，从而为在当代广东商贸行业推动中华优秀传统文化的"双创"提供坚实的基础。

在广东商贸行业挖掘和阐发中华优秀传统文化，也是为了激发当代广东商贸行业劳动者创新精神和创业活力。在当今这个快速发展的时代，新的技术和新的业态已经成为推动我国经济社会进步的重要动力。在我国最近40多年的经济建设中，广东作为我国最具活力的地区之一，其商贸行业的创新精神和创业活力对于推动我国经济社会的发展具有重要的意义。在当代粤商文化建设中挖掘和阐发广东商贸行业优秀传统文化，可以更好地呈现历代粤商务实创新和开放包容的价值理念，从而激发当代广东商贸行业劳动者的创新精神和创业活力，为我国经济社会发展作出更大的贡献。

二、广东商贸行业"双创"的内容

通过对广东商贸行业中的中华优秀传统文化的发掘和传承，可以凸显其历史底蕴和时代价值，为广东商贸行业的持续发展提供强大的精神动力和文化支撑。习近平总书记强调："当代中国是历史中国的延续和发展，当代中国思想文化也是中国传统思想文化的传承和升华……只有坚持从历史走向未来，从延续民族文化血脉中开拓前进，我们才能做好今天的事业。"①改革开放以来，党和国家历任领导人高度重视中华优秀传统文化的传承与发展。随着我国经济快速发展，人们生活水平提高，从中央到地方日益重视中华优秀传统文化的传承与发展，各地各行业开展的中华优秀传统文化建设、宣传热潮不断涌现，群众传承与发展中华优秀传统文化的意识不断增强。但是，一些地方和行业在传承与发展中华优秀传统文化的过程中也存在不少问题，如没有对中华优秀传统文化的时代新意进行深度挖掘，典型民间传统技艺传承出现断层，中华优秀传统文化教育覆盖面较窄等。进入21世纪以来，国家多次出台保护与传承中华优秀传统文化的有关文件，各地都高度重视传承与弘扬中华优秀传统文化。从中央到地方、从各行业到各群体已形成传承与弘扬中华优秀传统文化的共识。在改革开放40周年之际，广东省工商业联合会编辑出版了《辉煌粤商40载》，"力图总结广东民营经济40年不平凡的发展历程，激励广大粤商以习近平新时代中国特色社会主义思想为指导，深入学习贯彻习近平总书记视察广东重要讲话精神和在民营企业座谈会上的重要讲话精神，认真贯彻落实省委省政府决策部署，继续弘扬粤商精神，创新粤商品牌，展示粤商形象，推动民营经济高质量发展，为广东实现'四个走在全国前列'、当好'两个重要窗口'作出新的更大贡献，书写改革开放新征程上的新传奇。"②该著作的宣传和推广让广东商贸行业中的中华优秀传统文化在新时代焕发新生机，在一定程度上扭转了广东商贸行业优秀传统文化被淡忘或片面解读的现状。广东商贸行业劳动者要端正对待中华优秀传统文化"双创"的态度，在广东商贸行业中加大对中华优秀传统文化的保护力度，深入挖掘、系统梳理广东商贸行业中的中华优秀传统文化，并将中华优秀传统文化的"双创"

①　习近平. 在纪念孔子诞辰2565周年国际学术研讨会暨国际儒学联合会第五届会员大会开幕会上的讲话［N］. 人民日报，2014-09-24（A001）.
②　广东省工商业联合会. 辉煌粤商40载［M］. 广州：广东人民出版社，2018：2.

融入生产经营实践中去。

首先，从国家层面来看，国家已经为挖掘和整理中华优秀传统文化做好了全面的顶层设计。《关于实施中华优秀传统文化传承发展工程的意见》（以下简称《意见》）对实施中华优秀传统文化传承发展工程的重要意义、指导思想、基本原则、重要任务等问题进行了系统阐述，特别强调要加强对中华优秀传统文化的挖掘和阐发，把优秀传统文化贯穿国民教育始终、滋养文艺创作、融入生产生活，传承和弘扬传统文化的思想精华。《意见》第一次以中央文件形式为推动延续中华文脉、传承中华优秀文化基因提供理论指导和政策支撑，成为中华优秀传统文化传承发展的纲领性文件。这个顶层设计不仅包括政策层面的规划，也包括推动各地、各行业挖掘整理中华优秀传统文化的具体指导方法，为各地、各行业挖掘整理优秀传统文化提供了坚实的政策支撑。这种政策支撑不仅体现在资金的投入上，更体现在对各地、各行业挖掘整理中华优秀传统文化工作的鼓励和支持上。国家的顶层设计是保证各地、各行业挖掘整理中华优秀传统文化工作顺利展开的先决条件。没有这个顶层设计，各地、各行业挖掘整理中华优秀传统文化的工作可能就会陷入混乱和无序的状态，导致中华优秀传统文化无法得到有效保护和传承。《意见》的全方位设计，使得当代广东商贸行业劳动者能够从各个层面、各个角度出发全面地挖掘和整理自身生产经营实践中存在的中华优秀传统文化，从而更好地对其传承和发展。

其次，从社会层面来看，广东商贸行业劳动者是广东商贸行业挖掘和整理自身生产经营中存在的中华优秀传统文化的主体。在建设当代粤商文化的过程中，广东商贸行业劳动者应当引导社会各界积极参与挖掘、整理和阐发中华优秀传统文化。广东商贸行业劳动者可以结合自身的生产经营活动举办各类展览、讲座等文化活动，让更多的社会公众了解广东商贸行业中的中华优秀传统文化，感受其魅力。同时，广东商贸行业劳动者必须鼓励和支持专家学者进行深入研究，为挖掘、整理广东商贸行业中存在的中华优秀传统文化提供实践支持和智力支持。同时，还需要各地政府、行业协会等共同配合，通过深入研究行业历史和文化背景，挖掘出广东商贸行业中存在的中华优秀传统文化元素，并将其融入当代广东商贸行业实践中。各个工作环节之间要相互连接，形成一个紧密的工作流程，以确保工作的顺利进行。

《意见》提出："在教育、科技、卫生、体育、城乡建设、互联网、交通、旅游、语言文字等领域相关法律法规的制定修订中，增加中华优秀传统文化传承发展内容。"相关法律的制定实施，为广东商贸行业劳动者开展中华优秀传统文化的研究、传承提供有力的法治保障。同时，《意见》提出："加大涉及保护传承弘扬中华优秀传统文化法律法规施行力度，加强对法律法规实施情况的监督检查。"法律的生命和权威在于实施，加强法律的实施监督，为广东商贸行业劳动者挖掘传承中华优秀传统文化保驾护航。

当代粤商文化建设需要广东商贸行业劳动者结合自身生产经营实践活动开展"双创"，挖掘、整理、开发传统节日背后的习俗、节日礼仪、传说故事等产品和服务，在传承传统的基础上赋予其新的内涵，进行新的解读，锻造新时代广东商贸行业劳动者的文化精神。为了实现这一目标，首先，广东商贸行业劳动者需要深入挖掘传统节日背后的历史渊源和文化内涵，并将其精髓融入现代广东商贸行业的生产、经营和生活之中。其次，要通过举办各类文化活动，让更多的人了解和参与其中，增强群众对广东商贸行业中的中华优秀传统文化的认同感。最后，在学校和社会教育机构中开设相关课程，引导学生及广东商贸行业劳动者学习和传承中华优秀传统文化。因此，在当代粤商文化建设过程中需要各级文化学术研究机构的学者、当代广东商贸行业劳动者、民间技艺传承人、青年学生共同努力，形成合力，共同挖掘整理广东商贸行业中存在的中华优秀传统文化。

在新时代的背景下，中华优秀传统文化扮演着至关重要的角色，不仅是涵养我国人民精神世界的重要源泉，更是夯实国人文化自信的坚实根基。广东商贸行业作为我国经济发展的一支重要力量，肩负着传承创新中华优秀传统文化的重要使命。广东商贸行业中的中华优秀传统文化的传承与创新正日益受到时代呼唤和实践需要的驱动。随着经济全球化的深入发展，广东商贸行业面临着前所未有的机遇和挑战。在这个充满变革的时代，广东商贸行业只有通过中华优秀传统文化的"双创"，才能更好地适应时代的需要，推动广东商贸行业的可持续发展。首先，批判性思维是广东商贸行业劳动者开展中华优秀传统文化"双创"的关键。在新时代，当代粤商文化建设需要广东商贸行业劳动者以开放的心态进行审视和反思，挖掘中华优秀传统文化中蕴含的商业智慧和时代价值。通过批判性思考，当代广东商贸行业劳动者可以发现自身生产经营中的不足之处，从而在当代粤商文化建设中更好地结合自身状况开展中华优秀传统文化的"双创"。同时，批判性思维也有助于当代广东商贸行业劳动者摒弃陈旧的观念和束缚，为在广东商贸行业开展中华优秀传统文化的"双创"注入新的活力和创造力。其次，"双创"是当代广东商贸行业劳动者结合自身生产经营实践开展中华优秀传统文化的核心任务。在新时代，当代广东商贸行业劳动者要坚守中华优秀传统文化底蕴，将其代代相传。通过口耳相传、实践体验等方式，广东商贸行业劳动者能够将中华优秀传统文化融入生产经营、日常生活和社会实践中，达到真正实现中华优秀传统文化的传承的目的。同时，传承也需要与时俱进，当代广东商贸行业劳动者要将中华优秀传统文化与现代广东商贸行业生产经营实践相结合，使中华优秀传统文化焕发出新的生命力。最后，创新发展是当代广东商贸行业劳动者开展中华优秀传统文化"双创"的必然要求。当代粤商文化建设要求广东商贸行业劳动者勇于突破传统束缚、积极探索新的发展方向和路径。通过引入现代科技手段和管理理念，提升广东商贸行业中的中华优秀传统文化的创新力和竞争力，注重保护和弘扬中华优秀传统文化的独特价值和精髓，使中华优秀传统文化在创新发展的过程中得到充分体现和展示，进而更好地传承广东商贸行业中的中华优秀传统文化。

习近平总书记高度重视中华优秀传统文化的教育与宣传工作，他指出："对中国人民和中华民族的优秀文化和光荣历史，要加大正面宣传力度，通过学校教育、理论研究、历史研究、影视作品、文学作品等多种方式，加强爱国主义、集体主义、社会主义教育，引导我国人民树立和坚持正确的历史观、民族观、国家观、文化观，增强做中国人的骨气和底气。"[1]中华优秀传统文化经历了无数个时代的变迁和更迭，如同一棵大树，在几千年的历史沉淀中生生不息、接续传承，历久弥新。重视对中华优秀传统文化的传承和创新，不仅是对历史的尊重，也是对未来的期待。广东商贸行业劳动者需要通过在生产经营实践中开展中华优秀传统文化教育和宣传的方式，让更多的人了解和认识到当代粤商文化建设是传承和创新中华优秀传统文化的组成部分，从而激发社会公众对当代粤商文化建设的认可、热爱和尊重。

在新时代背景下，广东商贸行业劳动者开展中华优秀传统文化的"双创"需要加强广东商贸行业相关文学艺术的创作。首先，加强党的领导是加强广东商贸行业相关文学艺术创作的关键。党作为中国特色社会主义事业的领导核心，对于推动文化事业的发展具有不可替代的作用。习近平总书记指出，"各级党委要从建设社会主义文化强国的高度，增强文化自觉和文化自信，把文艺工作纳入重要议事日程，

---

[1] 习近平. 习近平谈治国理政：第一卷 [M]. 北京：外文出版社，2018：162.

贯彻好党的文艺方针政策，把握文艺发展正确方向。"①党的领导能够提供正确的方向和政策支持，确保广东商贸行业劳动者开展的中华优秀传统文化创新发展工作始终沿着正确的轨道前进。同时，党的领导也能够调动广大文艺工作者的积极性和创造力，形成合力，共同推动当代粤商文学艺术的繁荣发展。其次，以马克思主义理论为指导是加强广东商贸行业相关文学艺术创作的基本遵循。习近平总书记指出："要以马克思主义文艺理论为指导，传承与创新中国古代文艺批评理论优秀遗产，批判借鉴现代西方文艺理论。"②以马克思主义作为中国特色社会主义制度的指导思想，对于塑造中国特色社会主义文化具有重要意义。毛泽东强调革命作家、党员作家必须认真学习深刻把握马克思列宁主义理论，指出文艺工作者要灵活应用马克思主义，"学习马克思主义，是要我们用辩证唯物论和历史唯物论的观点去观察世界，观察社会，观察文学艺术，并不是要我们在文学艺术作品中写哲学讲义"。③在广东商贸行业优秀传统文化的创新与发展中要始终坚持马克思主义的基本原则，坚持以人为本、以人民为中心的创作导向，将社会主义核心价值观贯穿于作品之中，使作品更具有时代性、思想性和艺术性。最后，广大文艺工作者是加强广东商贸行业相关文学艺术创作的重要力量。广大文艺工作者是文化的传承者和创造者，是推动广东商贸行业优秀传统文化创新发展的关键所在。习近平总书记指出，要加强和改进党对文艺工作的领导，"加强和改进党对文艺工作的领导，要把握住两条：一是要紧紧依靠广大文艺工作者，二是要尊重和遵循文艺规律"。④明确了加强对广大文艺工作者的培

---

① 中共中央文献研究室. 习近平关于社会主义文化建设论述摘编［M］. 北京：中央文献出版社，2017：168.
② 中共中央文献研究室. 习近平关于社会主义文化建设论述摘编［M］. 北京：中央文献出版社，2017：170.
③ 毛泽东. 毛泽东选集：第三卷［M］. 北京：人民出版社，1991：874.
④ 中共中央文献研究室. 习近平关于社会主义文化建设论述摘编［M］. 北京：中央文献出版社，2017：168.

养和引导，提高其专业水平和创作能力，为广大文艺工作者提供更好的创作环境和条件，激发广大文艺工作者的热情和创造力，使广大文艺工作者成为推动当代粤商文学艺术繁荣发展的中坚力量。总之，加强党的领导、以马克思主义理论为指导，以广大文艺工作者为主体，是新时代加强广东商贸行业相关文学艺术创作的重要抓手。《意见》提出："运用丰富多样的艺术形式进行当代表达，推出一大批底蕴深厚、涵育人心的优秀文艺作品。"这样才能引导广东商贸行业相关文学艺术的创作为当代粤商文化建设注入源源不断的活水。

在创造粤商优秀文学艺术作品的过程中，广大文艺工作者将发挥自己的才华和创造力，通过文学、音乐、舞蹈、戏剧等多种形式，展现广东商贸行业劳动者的优秀品质和精神风貌。当代粤商文化建设将用生动的故事、优美的语言、深情的表达，让读者和观众感受到广东商贸行业劳动者的坚韧不拔、敢为人先的精神。当代粤商文化建设要求当代粤商为推动广东商贸行业中的中华优秀传统文化的创新与发展注入新的活力。只有不断开拓创新，才能让粤商文化焕发出更加绚丽的光彩，为中华民族的文化繁荣作出更大的贡献。

广州的南越王墓、北京路、十三行等地方在保护历史文化遗产的基础上积极发展旅游经济，形成了一种保护历史文化遗产与发展经济相互促进、良性互动的局面。在广州，南越王墓作为一座具有重要历史价值的古墓，见证了古代南越文化的繁荣与辉煌。为了保护这一宝贵的历史遗产，相关部门采取了一系列措施，如加强文物保护、修缮古建筑、开展考古研究等。同时，南越王墓也成为吸引游客前来参观的热门景点之一。游客们在这里可以亲身感受历史的厚重，领略南越文明的独特魅力。这种保护历史文化遗产与发展旅游经济的良性互动，不仅提升了广州的旅游形象，也为当地经济发展注入了新的活力。北京路是广州市的一张名片，拥有众多具有岭南特色的骑楼建筑和商铺。为了保护这些历史遗产，相关部门对北京路进行了修缮和改造，使其焕发出新的生机。如今，北京路已经成为一个集购物、美食、文化于一体的旅游景点，吸引了大量游客前来观光游览。这种保护历史文化遗产与发展旅游经济相结合的成功经验，为其他地区提供了借鉴和参考。十三行则是一个以清代广州对外贸易中心为背景的历史街区。这里保存了大量具有历史价值的建筑和文物，如十三行博物馆、陈家祠等。为了更好地保护这些历史遗产，同时也为了推动旅游业的发展，相关部门对十三行进行了整体规划和提升。如今，十三行已经成为一个融历史、文化、艺术于一体的旅游胜地，吸引了大量游客前来品味广州的历史韵味。

"双创"意味着当代粤商文化建设要在保护和传承中华优秀传统文化的基础上不断进行创新和发展，包括结合广东商贸行业生产经营实际情况对中华优秀传统文化的内涵进行拓展和丰富，使其更加符合现代社会的需求；对优秀传统文化的形式进行创新，使其更加生动有趣，更能吸引年轻人的关注；对中华优秀传统文化的传播方式进行改革，利用现代科技手段，让更多的人能够方便地接触到传统文化。广东商贸行业劳动者要结合自身生产经营实践来开展中华优秀传统文化的"双创"，这样才能确保当代粤商文化建设为中华民族的繁荣昌盛作出更大的贡献。

参考文献

[1] 习近平. 高举中国特色社会主义伟大旗帜 为全面建设社会主义现代化国家而团结奋斗 [N]. 人民日报, 2022-10-26.

[2] 习近平. 习近平谈治国理政: 第一卷 [M]. 北京: 外文出版社, 2018.

[3] 习近平. 习近平谈治国理政: 第二卷 [M]. 北京: 外文出版社, 2017.

[4] 习近平. 习近平谈治国理政: 第三卷 [M]. 北京: 外文出版社, 2020.

[5] 习近平. 习近平谈治国理政: 第四卷 [M]. 北京: 外文出版社, 2022.

[6] 中共中央文献研究室. 习近平关于社会主义文化建设论述摘编 [M]. 北京: 中央文献出版社, 2017.

[7] 毛泽东. 毛泽东选集: 第一卷 [M]. 北京: 人民出版社, 1991.

[8] 毛泽东. 毛泽东选集: 第二卷 [M]. 北京: 人民出版社, 1991.

[9] 毛泽东. 毛泽东选集: 第三卷 [M]. 北京: 人民出版社, 1991.

[10] 毛泽东. 毛泽东选集: 第四卷 [M]. 北京: 人民出版社, 1991.

[11] 邓小平. 邓小平文选: 第一卷 [M]. 北京: 人民出版社, 1994.

[12] 邓小平. 邓小平文选: 第二卷 [M]. 北京: 人民出版社, 1994.

[13] 邓小平. 邓小平文选: 第三卷 [M]. 北京: 人民出版社, 1993.

[14] 江泽民. 高举邓小平理论伟大旗帜, 把建设有中国特色社会主义事业全面推向二十一世纪: 在中国共产党第十五次全国代表大会上的报告

[M]. 北京：人民出版社，1997.

[15]　江泽民. 论"三个代表"[M]. 北京：中央文献出版社，2001.

[16]　江泽民. 江泽民文选：第一卷 [M]. 北京：人民出版社，2006.

[17]　江泽民. 江泽民文选：第二卷 [M]. 北京：人民出版社，2006.

[18]　江泽民. 江泽民文选：第三卷 [M]. 北京：人民出版社，2006.

[19]　胡锦涛. 胡锦涛文选：第一卷 [M]. 北京：人民出版社，2016.

[20]　胡锦涛. 胡锦涛文选：第二卷 [M]. 北京：人民出版社，2016.

[21]　胡锦涛. 胡锦涛文选：第三卷 [M]. 北京：人民出版社，2016.

[22]　冷溶，汪作玲. 邓小平年谱 1975—1997：上 [M]. 北京：中央文献出版社，2004.

[23]　冷溶，汪作玲. 邓小平年谱 1975—1997：下 [M]. 北京：中央文献出版社，2004.

[24]　中共中央文献研究室. 十八大以来重要文献选编：上 [M]. 北京：中央文献出版社，2014.

[25]　中共中央文献研究室. 十八大以来重要文献选编：中 [M]. 北京：中央文献出版社，2016.

[26]　中共中央党史和文献研究院. 十八大以来重要文献选编：下 [M]. 北京：中央文献出版社，2018.

[27]　中共中央党史和文献研究院. 十九大以来重要文献选编：上 [M]. 北京：中央文献出版社，2019.

[28]　中共中央党史和文献研究院. 十九大以来重要文献选编：中 [M]. 北京：中央文献出版社，2021.

[29]　中共中央党史和文献研究院. 十九大以来重要文献选编：下 [M]. 北京：中央文献出版社，2023.

[30]　中共中央马克思恩格斯列宁斯大林著作编译局. 马克思恩格斯全集：第二十八卷 [M]. 北京：人民出版社，2018.

[31]　中共中央马克思恩格斯列宁斯大林著作编译局. 马克思恩格斯全集：第三十三卷 [M]. 北京：人民出版社，2004.

［32］ 中共中央马克思恩格斯列宁斯大林著作编译局. 马克思恩格斯选集：第一卷［M］. 北京：人民出版社，2012.

［33］ 中共中央马克思恩格斯列宁斯大林著作编译局. 马克思恩格斯选集：第三卷［M］. 北京：人民出版社，2012.

［34］ 中共中央马克思恩格斯列宁斯大林著作编译局. 马克思恩格斯选集：第四卷［M］. 北京：人民出版社，2012.

［35］ 中共中央马克思恩格斯列宁斯大林著作编译局. 马克思恩格斯文集：第一卷［M］. 北京：人民出版社，2009.

［36］ 中共中央马克思恩格斯列宁斯大林著作编译局. 马克思恩格斯文集：第二卷［M］. 北京：人民出版社，2009.

［37］ 中共中央马克思恩格斯列宁斯大林著作编译局. 马克思恩格斯文集：第八卷［M］. 北京：人民出版社，2009.

［38］ 中共中央马克思恩格斯列宁斯大林著作编译局. 马克思恩格斯文集：第十卷［M］. 北京：人民出版社，2009.

［39］ 中共中央马克思恩格斯列宁斯大林著作编译局. 列宁选集：第二卷［M］. 北京：人民出版社，2012.

［40］ 中共中央马克思恩格斯列宁斯大林著作编译局. 列宁选集：第四卷［M］. 北京：人民出版社，2012.

［41］ 张琼，马尽举. 道德接受论［M］. 北京：中国社会科学出版社，1995.

［42］ 梁廷楠. 粤海关志［M］. 袁钟仁，校注. 广州：广东人民出版社，2002.

［43］ 梁嘉彬. 广东十三行考［M］. 广州：广东人民出版社.1999.

［44］ 李龙潜，邓端本. 广州十三行名称及起源考辨［M］. 广州：广州出版社，1993.

［45］ 黄启臣，庞新平. 明清广东商人［M］. 广州：广东经济出版社，2001.

［46］ 广州历史文化名城研究会，广州市荔湾区地方志编纂委员会. 广州十三行沧桑［M］. 广州：广东省地图出版社，2001.

［47］ 刘正刚. 广东会馆论稿［M］. 上海：上海古籍出版社，2006.

[48] 关履权. 宋代广州的海外贸易 ［M］. 广州：广东人民出版社，1987.

[49] 魏安雄. 灵活变通广东人的商业精神 ［M］. 广州：广东人民出版社，
      2005.

[50] 任裕海. 全球化、身份认同与超文化能力 ［M］. 南京：南京大学出版
      社，2015.

[51] 泰勒. 原始文化 ［M］. 连树声，译.上海：上海文艺出版社，1992.

[52] 黑格尔. 黑格尔全集：第7卷 ［M］梁志学，李理，译.北京：商务印书
      馆，1971.

[53] 康德. 判断力批判 ［M］. 北京：商务印书馆，1985.

[54] 张广智，张广勇. 史学，文化中的文化：文化视野中的西方史学 ［M］.
      杭州：浙江人民出版社，1990.

[55] 梁漱溟. 东西文化及其哲学 ［M］. 上海：商务印书馆，1922.

[56] 蔡元培. 蔡元培美学文选 ［M］. 北京：北京大学出版社，1963.

[57] 瞿秋白. 瞿秋白选集 ［M］. 北京：人民出版社，1985.

[58] 陈先达. 文化自信与中华民族的伟大复兴 ［M］. 北京：人民出版社，
      2017.

[59] 弗兰克. 白银资本：重视经济全球化中的东方 ［M］. 刘北成，译.北京：
      中央编译出版社，2005.

[60] 广东省工商业联合会. 辉煌粤商40载 ［M］. 广州：广东人民出版社，
      2018.